Gerardo Chávez García

Memorias De Abuelo

Copyright © 2015 by Gerardo Chávez García

Primera edición, 2015

Nostalgia Cubana, Inc. D/B/A Cuba Collectibles
P.O. Box 941193
Miami, Florida 33194-1193
www.CubaCollectibles.com
Service@CubaCollectibles.com

ISBN-13: 978-0692597521

ISBN-10: 0692597522

Diseño de la cubierta: Jerry Chávez

Preparación para publicación: Jerry Chávez

Todos los derechos son reservados.
Ninguna parte de este libro puede ser reproducida o transmitida en ninguna forma o por ningún medio electrónico o mecánico, incluyendo fotocopiadoras, grabadoras o sistemas computarizados, sin el permiso por escrito del autor, excepto en caso de breves citas incorporadas en artículos críticos o en revistas.
Para obtener información diríjase a
www.CubaCollectibles.com

ÍNDICE

INTRODUCCÍON 1
Escapar de Cuba 5
Un nuevo intento 15
Rumbo a Jamaica 23
La familia paterna 33
La familia materna 41
De la niñez a la adolescencia 55
El Río Ariguanabo 67
Isla de Pinos 79
Viajes con mi abuelo 91
El cultivo del tabaco 107
Mi segundo día en Jamaica 119
Una larga estadía 125
Tres semanas para encontrar un camino 131
Mi carrera de comisionista 139
Mrs. Moody's first six 147
Adiós Jamaica 155
Aló Miami 161
Unos días en Miami 169
Camino a Jacksonville 175
Camino a Nueva York 191
Adiós Nueva York 197

Gerardo Chávez García

INTRODUCCÍON

Hace un poco más de tres años, después de la muerte de mi hermano, comencé a pensar mucho más en lo que había sido la familia, pensé en escribir mis memorias, antes que se me desaparecieran más los recuerdos, antes de que fuese demasiado tarde. No porque mis recuerdos tengan algo de extraordinario, sino porque pensando en mi abuelo Vicente, me preguntaba: ¿Por qué decidió abandonar Canarias? ¿Cómo y cuándo salió de Canarias? ¿Qué edad tenía? ¿Conocía a alguien en Cuba? ¿Adónde fue a vivir? Ninguna de estas preguntas tenían una respuesta certera, y no es que tuviera importancia, era sólo curiosidad por saber.

Durante un almuerzo con mi tío Tito Vicente le pregunté si sabía en qué año había llegado abuelo a Cuba, la respuesta me sorprendió, me dijo que no lo sabía, si sabía que después de un tiempo en Cuba, y no me pudo decir cuánto, había regresado a Canarias. En mis 72 años era la primera vez que escuchaba que Abuelo Vicente se había quedado en Cuba en un segundo viaje.

Siempre había oído decir que abuelo había llegado Cuba de 16, 17, quizás 18 años, muy joven si fue así, y habiendo nacido en 1881

Gerardo Chávez García debió haber llegado a Cuba en 1897, 1898 o 1899. En cualquiera de esas fechas la situación de la Isla era sumamente grave, estaba la Guerra de Independencia en su apogeo, la situación económica era desastrosa, además de los peligros de la Guerra. Por todo lo anterior creo que es muy posible que haya decidido regresar a Canarias, y no debe de haber sido hasta alrededor de 1905, cuando comenzó la inmigración en masa de España a Cuba que haya regresado ya permanentemente.

Haciéndome estas preguntas, cuando ya no existen los que pudieran haberme dado algunas respuestas, es que me di cuenta que tuve muchas oportunidades de preguntarle a mi abuelo por todas estas cosas. Tuve la gran suerte de hacer muchos viajes con él en mi juventud, pero en aquella época nunca se me ocurrió que un día querría saber todos esos datos. Hoy mis nietas no me preguntan ninguna de esas cosas, lógicamente. Como a mi hace 50 y tantos años no se me ocurría preguntarle a mi abuelo cómo había llegado a San Antonio los Baños, a mi no me interesaba entonces, ni a ellas les interesa ahora saber detalles de cómo y por qué llegué a Miami.

Considerando todo lo anterior se me ocurrió que debía de hacer unas notas, con tantos detalles cómo mi memoria lo permitiera, simples, sin aspiraciones a hacer una obra de importancia, solo escribiendo datos por si un día a alguna de ellas se les ocurre hacer las preguntas que hoy me hago yo, tengan en donde encontrar algunas respuestas.

Probablemente lo que escriba en los próximos meses lo voy a disfrutar, la mayoría serán buenos recuerdos, otros no tan buenos. Como dijo el poeta: "Recordar es volver a vivir". No importa si hubieron tragos amargos, cuando ya pasaron no son tan amargos, se recuerdan hasta con agrado y un poco del miedo que no conoce a plenitud la juventud.

Abuelito no me contaba sus recuerdos de los hechos vividos por falta de deseos, probablemente pensaba que a mi no me interesaba escucharlas. Yo sí sé que a mis nietas hoy no le interesaría escucharlas, si tratara de contársela me escucharían por respeto, por cariño, por educación, pero no por interés en saber simples historias, del tipo que a mi me gustaría saber hoy.

Mis recuerdos los iré contando según vengan a mi memoria, sin orden, por episodios, no solamente las historias en las que fui protagonista, o tuve una pequeña participación, también contaré lo que vi, y lo que me contaron personas que fueron y siguen siendo muy importantes en mi vida. Si llego al final y creo que a alguien le interese leer mis recuerdos, los pondré en un librito con un poco de más orden. Si no me alcanza el tiempo o los deseos, al menos unos episodios les quedaran.

Dibujo del joven artista ariguanabense Gorrín. Está inspirado en la casa donde nací, la que evoco en la foto de la portada de este libro.

CAPÍTULO 1

Escapar de Cuba

Batista, egoísta y cobarde, había huido sin importarle el destino de sangre y sufrimientos que le esperaba al pueblo de Cuba, los Castro a fuerza de fusilamientos y encarcelamientos se afincaban en el poder. Habían pasado los primeros meses de la revolución comunista, y todavía muchos de nosotros pensábamos que la tragedia duraría poco tiempo. Por el terror imperante había que tratar de evitar por todos los medios confrontaciones con los castristas, capaces de hacerle cualquier cosa a los que consideraban enemigos de su revolución, había que callar y seguir esperando que de alguna manera terminara la pesadilla.

Durante los primeros meses de la revolución, se perpetraron todo tipo de abusos y fusilamientos, bastaba la acusación de cualquier persona para ser llevado a un juicio donde se podía esperar lo peor.

Gerardo Chávez García

Un día de noviembre o diciembre de 1959, después de almuerzo, al salir de la casa me di cuenta que en la acera de enfrente estaba Eduardo Alpizar. Hacía mucho tiempo que no lo veía, había sido mi compañero de tercer año de bachillerato, no era muy popular entre sus compañeros, él era el único en la clase que estaba repitiendo el año, y quizás tampoco logro pasar en la repetición, al menos no lo vimos más en mi colegio.

Alpizar hablaba poco y no recuerdo que tuviese afinidad con ninguno de nuestros compañeros. Eduardo era hijo del Teniente Alpizar, sí, del ejército de Batista.

Aquel mediodía me lucía como que Alpizar había estado esperando que yo saliera de casa, me extrañó, crucé la calle y al llegar a la acera de enfrente, él se separó de la pared de la farmacia donde había estado recostado, casi que como bloqueando mi paso en la acera, entre la farmacia y el poste de electricidad. Después de más de tres años sin vernos, sin ningún saludo previo me dijo en tono seco, casi desafiante:

-Quiero hablar contigo.

-En que puedo servirte -le contesté.

-¿Quiero saber cuándo vas a inscribirte en las milicias revolucionarias?

Me sorprendió la pregunta, había estado al tanto de la fundación de las milicias, pero no sabía detalles. Le respondí que no tenía intenciones de pertenecer a las milicias revolucionarias, nunca mi familia ni yo habíamos sido políticos, ni militares, y yo no pensaba comenzar ninguna de las dos carreras.

Su respuesta fue:

-Ahora es distinto, hay que estar con la revolución o contra la revolución.

No estaba preparado para esto tampoco, no sabía cómo responder y sólo atiné a decirle:

-Esa será tu opinión, pero yo no estoy con la revolución, ni contra la revolución.

Lo dejé con la palabra en la boca, seguí mi camino rumbo al Parque Central, quizás al Café Martí, a la Sociedad Círculo de Artesanos, no recuerdo a donde iba aquel día, si recuerdo que no llegue a donde iba, regrese a la casa, ya tenía mi decisión, tenía que abandonar Cuba, no podía invertir tiempo en nada que no fuera pensar en cómo hacerlo. Sabiendo ya que el que no estaba con la revolución se consideraba que estaría en contra de la revolución, y los que estaban en contra de la revolución eran sujetos a abusos, encarcelamientos y hasta fusilamientos, era claro que tenía que marcharme de Cuba.

Nadie de mi familia, que yo supiera en aquel momento, tenía planes de abandonar la Isla, era una aventura en lo desconocido, y todavía a finales de 1959, no había la escasez que comenzaría a sufrir el pueblo cubano a partir de 1961. Todavía se podía vivir en Cuba, asustado, pero se podía vivir, la mayoría de mi familia todavía no creía que todo se pondría peor, ¡Qué equivocados estaban! Yo ya quería irme, ¿Pero cómo?

Al día siguiente tome la guagua que me llevaba a La Habana, me dirigí a la embajada de Estados Unidos, allí esperé por mi turno para solicitar una visa de turismo de 30 días, ningún cónsul estaba disponible y tuve que regresar al día siguiente. El cónsul que me atendió, un hombre que no era el típico americano rubio y rancio que veía en las películas, el que me atendió era bajito de estatura, de pelo muy negro, barba cerrada, y aspecto agradable. Por razones que más adelante explicaré, verdaderamente siento no recordar su nombre, me dijo en casi perfecto español, con tono afable y una ligera sonrisa, que no podía darme la visa porque yo no la quería para viajar de turista, yo la quería para quedarme en Estados Unidos, y sabiendo eso no me podía dar la ansiada visa para salir del incipiente infierno. Así de simple, ya tenía el primer tropiezo en tratar de salir de Cuba.

Pasaron unos días y conversando con mi amigo Antonio Amaro Díaz (cariñosamente y no sé con certeza por qué le llamábamos El Cuervo, quizás cierto parecido caricaturesco del perfil de su cara con el personaje de los muñequitos en colores) me dijo que tampoco él había logrado obtener la visa para ir a los Estados Unidos, que planeaba ir a la embajada de México a tratar de obtener una visa. Le dije que si no le importaba iría con él, y así fue, unos días después nos presentamos en la embajada a solicitar una visa, no llegamos ni a hablar con un funcionario, fuimos rechazados sin ninguna explicación, no estaban dando visas de turista fue la respuesta.

Antonio me decía que se iba de Cuba de cualquier forma posible, pensó que debíamos ir a los muelles a estudiar algún barco que saliera a México y la forma de abordarlo de polizón, una vez en México sería fácil cruzar la frontera según él, yo no tenía ni idea si fuese fácil o difícil. Fuimos a los muelles en un viaje de exploración, de nada pudimos enterarnos, ni siquiera pudimos averiguar cuando saldría un barco hacia a México. El segundo tropezón para lograr escapar de lo que creía se avecinaba.

Desistí de la idea de irme de polizón, no veía una posibilidad de acercarme a un barco cualquiera, menos adivinar uno que fuera a México. Comencé a pensar en otras formas de salir de Cuba. Antonio y yo a pesar de una diferencia de edad de 4 o 6 años nos llevábamos muy bien. En algunos fines de semana de verano nos íbamos a la playa de Baracoa, a unos pocos kilómetros de Bauta, otro pueblito simpático cerca de San Antonio. Nos quedábamos en una casa desocupada que pertenecía a su tío político, Pedro Valdez. La casa estaba construida sobre unas largas columnas de madera que salían del mar. En el ático de aquella casa de madera enclenque, había dos catres, no había agua corriente ni electricidad, pero para dormir servía. Baños, me imagino que estarían en la planta baja, pero la puerta de comunicación estaba cerrada con llave y no teníamos acceso. Por una de las ventanas que daban al mar se resolvían todas las cosas.

Antonio y yo muchas veces estábamos meses sin coincidir en ningún lugar, dejábamos de vernos, cada uno estaba lo suyo, pero al parecer, él insistió en esa vía, y desafortunadamente logró su objetivo, nunca supe exactamente como, si de polizón o al final consiguió una visa de México. Y digo desgraciadamente porque logró su objetivo de llegar Miami, e ingresó en lo que luego se llamaría la Brigada de Asalto 2506.

Meses después Antonio desembarcó en Playa Girón, el 17 de abril de 1961, después de varios días de combate, según me contó uno de los dos que estaban con él, ya estaban sin comida y con muy pocas municiones, ellos le dijeron a Antonio que debían de rendirse para evitar una muerte segura, pero Antonio les contesto: "Yo no vine a aquí para rendirme". Sus compañeros no querían dejar a Antonio solo, decidieron seguir con él. Al día siguiente divisaron una patrulla castrista por el monte, Antonio no escucho el consejo de sus acompañantes, les salió al paso y estuvo tirando mientras le quedaban balas, al fin cayó ametrallado. Inmediatamente sus compañeros decidieron rendirse y salvar sus vidas.

Aproximadamente dos años más tarde, en 1964 regresaron a Miami, a cambio de no sé cuántos millones de dólares, que pago Kennedy como rescate, parece que para amortiguar su traición a los valientes miembros de la Brigada 2506. Uno de ellos me contó la historia de los últimos días de Antonio.

Después de salir de Cuba no supe más de Antonio. Fue viviendo en Nueva York, allá por mayo de 1961, mientras escuchaba la radio en español que escuché su nombre en la lista de los héroes que habían muerto en Bahía de Cochinos, su nombre aparecía encabezando la lista en orden alfabético, Antonio Amaro Díaz. Muchas veces he pensado que si aquel día en el puerto de La Habana hubiéramos encontrado un barco que saliera para México, y la forma de abordarlo, posiblemente yo hoy no estaría escribiendo estos relatos.

Antonio fue uno de los tres hombres nacidos en San Antonio que murieron a consecuencia de la infame traición del presidente norteamericano John F. Kennedy. Los otros dos Ariguanabenses héroes de Girón no los conocí personalmente, pero al padre de uno de ellos, Rafael Guas Inclán si tuve el privilegio y grandísimo honor de conocerlo, en Miami unos pocos años después.

Fue durante aquel año, a finales de la década de 1960, yo con menos de 30 años de edad me "eligieron", sin presentar mi candidatura, ni tener contrincante, a la presidencia de la organización "Municipio de San Antonio de los Baños en el Exilio". Editábamos un Boletín mensual,

Gerardo Chávez García

"El Ariguanabo", y Guas Inclán me escribía un artículo sobre nuestro pueblo como su colaboración de contenido para nuestra publicación.

Visitaba a mi ya amigo Rafael una vez al mes para recoger sus artículos, los escribía en una viejísima y desvencijada máquina de escribir a la cual le faltaba más de una letra, conversábamos extensamente sobre la situación de Cuba en aquellos tiempos, muchas veces al mismo tiempo en que tecleaba las ultimas letras de su artículo, mientras me pedía excusas por hacerme esperar por no tener su colaboración terminada. Que lejos estaba Rafael de saber que yo llegaba a su apartamento siempre antes de la hora acordada, con la esperanza que sus columnas en periódicos locales como el Diario de Las Américas, hubieran tomado todo su tiempo, así tendría yo más tiempo para conversar con él y nutrirme con sus conocimientos y experiencia, mientras él le daba los últimos toques a sus interesantísimos relatos sobre nuestro pueblo.

Rafael Guas Inclán, había sido Senador de la Republica primero y Vicepresidente de la República de Cuba después, su honesta e intachable trayectoria durante sus años en la segunda posición más alta en el gobierno de Cuba, era evidenciada por la forma en que vivía en el exilio, en un edifico ruinoso, en un apartamento diminuto, oscuro y dilapidado en la Calle 3 del NW a media cuadra de la Avenida 12, un barrio no muy deseable. Escribía sus artículos sobre una pequeña mesita que también era su mesa del comedor. Jamás le escuche un comentario de dolor por haber perdido a su hijo, creo que lo tomaba como un deber cumplido y no como algo para quejarse o peor aún, algo de que vanagloriarse. Tampoco le escuche una queja por la extrema pobreza en que vivía, al contrario yo notaba algo como que se enorgullecía de la forma en que estaba terminando sus días. Siempre lo recuerdo y lo recordaré con cariño, respeto y admiración.

Como lo esperaba, y sé que lo volveré a hacer, me diluí y me aleje del tema central, los recuerdos me llegaron y temi que en el futuro olvidaría o no tendría la oportunidad de tocar el pequeño pasaje que acabo de relatar. Una vez más me fui del tema, debo regresar a seguir contando los intentos de salida del infierno.

Pasaban las semanas y no se me ocurría otra forma de tratar de abandonar Cuba. De pronto una idea surgió, no recuerdo quién fue el autor del plan, era un poco misterioso, sólo sé que un día mi padre me dijo: Vamos a ir al consulado de los Estados Unidos en Santiago de Cuba para que solicites la visa allá. Yo contento con la idea, me preguntaba cuál sería la diferencia, si me habían negado la visa en La Habana por qué no me la iban a negar también en Santiago de Cuba. Tenía que haber un plan, (luego supe que no lo había, solo el rumor de que daban la visa más fácilmente en Santiago) no pregunté cuál era el plan y no recuerdo si me explicaron algo, pero estaba listo para intentar lo que fuera.

Una mañana bien temprano, me parece recordar algo como cuatro de la mañana, salimos en un auto rumbo a Santiago de Cuba, iban con nosotros mi tío Tito Vicente, Miguel Miqueli y su hijo Migue, si recuerdo bien que los aspirantes a visa éramos Tito, Migue y yo. Yo seguía sin comprender cuál era el plan.

De repente paramos en un pueblo en la provincia de Santa Clara o Camagüey, tengo estos recuerdos muy borrosos, no recuerdo cual era el pueblo, ni siquiera cual era la provincia, allí debíamos de buscar unos recibos de la electricidad o del agua con nuestros nombres y la dirección en que se suponía vivíamos en aquel pueblo. Esos documentos nos pondrían bajo la jurisdicción del consulado de Santiago de Cuba. Solo sé que después de varias gestiones con diferentes personajes conseguimos la documentación y seguimos rumbo a Santiago.

Como he advertido antes, voy a dar tantos detalles como recuerde, algunos no serán de gran interés, pero los creo necesarios para el que me lea, sin haber vivido aquella época tenga una idea de cómo eran las cosas en aquellos días funestos de finales de 1959 y principios de 1960.

Llegamos de noche, nos quedamos en el Hotel Casa Grande, frente al Parque Central de la ciudad de Santiago de Cuba, queríamos estar bien temprano la mañana siguiente en el Consulado, y poder emprender el viaje de regreso inmediatamente después de salir del

Consulado, para estar en la carretera de noche el menor tiempo posible.

Como no teníamos nada que hacer esa noche, Tito y yo decidimos subir al mirador desde la montaña de Puerto Boniato, una de las mayores de la Cordillera de La Sierra Maestra, posiblemente la mayor de las que se podía subir en auto hasta la misma cima. Nos demoramos más en el viaje al tope de la montaña, que lo que estuvimos allá arriba, había mucha neblina y una brisa muy fría para la que no fuimos preparados. Desde el mirador se veían las luces de la ciudad que por supuesto terminaban en total oscuridad en la Bahía de Santiago. Mirando hacia un lado teníamos a la vista la tristemente célebre Cárcel de Boniato, donde cientos de cubanos estaban cumpliendo condenas injustas y abusivas, y miles más que los seguirían a través de más de medio siglo de tiranía. Ni por un segundo pasó por mi mente que algunos de los hombres que estaban encerrados en aquel momento allá abajo, y varios de los que estarían allí en años venideros, serían mis amigos y compañeros en Miami varias décadas después, amistades que han perdurado hasta los días de hoy.

Después de esta otra digresión, retomemos la historia central. Llegamos al Consulado y nos atendieron rápidamente, nos dieron cita a los tres con diferentes cónsules. Nos pasaron casi a la vez a tres diferentes oficinas, yo entre a la que me indicaron y por poco salgo corriendo, detrás del escritorio estaba el mismo hombre que me atendió en el consulado de La Habana, lo habían acabado de trasladar a Santiago. Esta vez con cara muy seria y con mi archivo en sus manos me dijo: "¿Que tú haces aquí? ¿Te mudaste? Todos esto documentos son falsos." Puedo jurar que no tengo la menor idea de lo que le conteste, creo que enmudecí, solo recuerdo que me dijo: "NO TE PUEDO DAR LA VISA". Salí disparado de su oficina, tan apenado que no podía ni hablar, no entendí nunca como había podido acordarse de mí. Salí del edificio, afuera espere por los otros solicitantes que no demoraron mucho en salir, también con sus visas negadas.

El viaje perdido, para Migue y para mi se trataba de salir de Cuba, para Tito que tenía una visa americana en otro pasaporte, era solo una oportunidad de conseguir unos dólares adicionales. En aquellos momentos todavía el gobierno aceptaba cambiar pesos a dólares hasta un límite de $300 a quienes pudieran demostrar con una visa en el pasaporte que iban a viajar al exterior. Ya Tito había cambiado 300 pesos por 300 dólares con un pasaporte que ya tenía visa, fue a Santiago con un segundo pasaporte que había obtenido con el fin de conseguir unos dólares.

Desconsolado regresé a San Antonio, otro tropiezo, pero sin dejar de pensar en la forma de cumplir mi objetivo.

Gerardo Chávez García

CAPÍTULO 2

Un nuevo intento

Después de mis fracasos en obtener una visa directamente a Estados Unidos, usando los métodos normales, e inclusive los no muy legítimos, como el viaje a Santiago, me convencí que cualquier método para escapar del comunismo es legítimo, si había que utilizar mentiras, las que el régimen nos enseñó a decir, no se podía dudar en hacer lo que fuera necesario para lograrlo.

Pensaba y estudiaba en toda las posibilidades. No se me ocurría ninguna. Recordemos que en aquellos años todavía las balsas y botes, no eran una opción. No fue hasta 1963 que llegó la primera balsa a Miami.

Pasaban las semanas sin que apareciera una idea que remotamente diera una esperanza de poder lograr el objetivo. Ya estábamos en el verano de 1960, y seguía esperando por una idea que me ayudara a lograr mi salida, y tratando de no buscarme problemas con los comunistas, a propósito, nunca más vi a Eduardo Alpizar.

Siempre permanecía alerta sobre nuevas alternativas. Que yo supiera todavía ninguno de mis otros amigos, conocidos y familia estaba considerando salir de Cuba. Recuerdo por ejemplo una tarde mientras nos bañamos en el mar en la playa de Baracoa, conversaba con José (Lulo) Simón, el que después de uno años resultaría ser mi suegro, le expresé mi deseo y decisión inquebrantable de irme de Cuba, Lulo se asombró, me dijo:

--Has vivido muy cómodamente siempre, ¿Que vas a hacer tú fuera de Cuba? , ¿Cómo vas a sobrevivir? ¿Por qué irte? ¿Por qué no esperar un poco?

Yo no había trabajado nunca, tenía sólo 19 años y sobre todo, según Lulo la situación existente en Cuba no podía durar mucho tiempo, la dictadura caería pronto.

La situación del país seguía empeorando, ya las primeras confiscaciones de grandes empresas habían pasado, y digo confiscaciones, y no nacionalizaciones porque las nacionalizaciones son las que se realizan mediante el pago a los legítimos dueños. Éste no había sido el caso en Cuba, nunca hubo pago por las nacionalizaciones, por tanto fueron en realidad confiscaciones, robos descarados.

Ya también había entrado en vigor la ley de reforma agraria mediante la cual, repito, confiscaban las tierras a sus legítimos dueños, con la excusa que iba a ser entregadas a los que las trabajaban. Cada día se cerraba más el círculo, también la reforma urbana tomaba forma, según la dictadura, las casas también eran de los que las habitaban, tampoco hubo ningún tipo de pago a sus legítimos dueños. Ya se veía más claro que teníamos el comunismo encima.

A medida que iban pasando los meses y se iba acercando el fin de año, se iban acelerando los abusos de confiscaciones, las historias de horror, los fusilamientos, los encarcelamientos, el total desastre. Ya algunos de mi familia, amigos y conocidos se iban convenciendo de que no había otra solución. Había que marcharse y dejarlo todo (el que tuviera todavía algo que dejar) para salvar la vida, o someterse y sumarse a la tiranía.

      Una tarde, me imagino que alrededor de octubre o noviembre de 1960, mi Mamá me dijo que necesitaba que la llevara a La Habana al día siguiente. Necesitaba visitar a Robertico Hernández y su mamá Lala. Me extrañó el viaje, no sabía de alguna otra visita con anterioridad, sabia de una amistad entre ellas, pero no se visitaban que yo supiera, no había una relación estrecha entre mi Mamá y Lala, pero no le di mayor importancia.

      Llegamos a su casa en La Habana, no recuerdo en qué parte de la ciudad vivían, pero allí llegamos. Tampoco me sorprendió ver a Enrique Cubría en aquel lugar, yo sabía que era sobrino de Lala. Dejé a mi madre en la puerta de la casa de Lala, y continué mi camino a ser otra gestión, no recuerdo cuál, cuando regresé ya estaban esperando por mi para terminar la visita.

      Pero ahí empezó el misterio, en esa típica, famosa y larguísima despedida de los cubanos en la puerta de la calle, famosa porque la despedida acababa por ser más larga que la visita. Bueno, parece que como para recalcar lo hablado dentro de la casa, durante la despedida volvieron a decirse unos a otros de que todo tenía que ser en estricto secreto. Yo no sabía de lo que estaban hablando, no podía preguntar por qué si era estricto secreto no debía preguntar nada. Sentía como que Cubría dudaba de mi discreción, hablaba en términos misteriosos, como si fueran claves que sólo fueran entendidas por los que habían estado presentes en las conversaciones durante la visita.

      Finalmente volvimos al carro y de vuelta a San Antonio de los Baños. En el camino le pregunté a mi madre que era lo que está pasando, ella me contestó que se había presentado una oportunidad a través de una organización o un colegio religioso, (lo que luego se conoció como operación Pedro Pan) donde los niños cubanos podrían salir de Cuba sin visa a los Estados Unidos a través de un tercer país, no se sabían todos los detalles porque no había empezado el programa, pero si había la seguridad que una vez en Estados Unidos, la iglesia católica se encargaría de cuidarlos hasta que el gobierno de

Gerardo Chávez García

Castro viniera al suelo o que sus padres pudieran salir de Cuba. Su plan era enviar a Ángel, (mas tarde Omar) mi hermano, por esa vía.

Le pregunté a Mami por qué yo no podía estar en la misma gestión, la respuesta fue que le habían dicho que como ya yo tenía más de 18 años, no podía ser incluido, ese era el máximo de edad para ser aceptado en el programa.

Pasaron unas semanas sin que yo supiera más del asunto. Me imagino que ya para fines de noviembre o principios de diciembre, fue que se confirmó que el programa iba a comenzar a funcionar. De alguna manera, no recuerdo cómo, escuche un nombre de un colegio del que no había oído nunca antes, pienso que mi madre, sin querer, haya mencionado el nombre del colegio que estaría encargado de manejar el programa. Ella no estaba contenta con que yo me fuera, mi hermano era diferente, se sentía segura con las promesas de la Iglesia de que lo cuidarían.

Pero todo lo que yo tenía en mi mente era como poder formar parte de ese programa, cuando por mi edad estaba específicamente excluido.

Llegaron las Navidad y fin de año, y yo seguía sin un plan que tuviera alguna oportunidad de lograr mi salida. En los primeros días de enero de 1961, se hizo oficial dentro de la familia la noticia secreta de que mi hermano Ángel saldría de Cuba en dos o tres semanas rumbo a Jamaica, allí lo esperaría un miembro de la Iglesia Católica que de alguna manera lo mandaría a Miami.

Yo desesperado decidí tomar una acción en la que no tenía muchas esperanzas de éxito, pero nada tenía que perder. Iría al colegio que yo asumía estaba encargado de procesar las salidas de Pedro Pan, allí rogaría, lloraría, gritaría, haría cualquier cosa porque me ayudarán a salir de Cuba. Pensé que el mejor día para ir al colegio era el sábado, era un colegio de monjas, me imaginé que ese día no tendrían grandes cosas que hacer, y alguien pudiera por lo menos escucharme.

No recuerdo el nombre del colegio, lo único que recuerdo es que era un colegio americano de niñas administrado por monjas, me suenan los nombres de Merici, Dominicas Americanas, quizás Ruston.

No estoy seguro si era uno de estos. Con frecuencia confundía los nombres de esos tres colegios, ahora más de medio siglo después la confusión es total. Tampoco recuerdo hoy exactamente dónde estaba el colegio, lo único que recuerdo muy borrosamente, es que estaba ubicado no lejos de la playa de Marianao, en una zona detrás y a unas cuadras del canódromo (carreras de perros), allí esperaba resolver mi problema.

Aquel sábado en la mañana llegué a la puerta del colegio, estaba localizado un amplio terreno en el centro del cual estaba el edificio del colegio, a la entrada unas puertas dobles de madera muy bien mantenidas. Esas puertas si me parece estarlas mirando en este momento, no lo pensé dos veces toqué a la puerta, espere un rato no me salía nadie, volví a tocar y cuando ya estaba pensando en irme porque nadie respondía a la puerta, una monjita me abrió la puerta. Me preguntó qué que deseaba, lucia algo sorprendida, probablemente el colegio no tenía muchos visitantes los sábados, y menos alguien como yo, que por mi delgadez (unas 130 libras), aparentaba tener 16 o 17 años.

Casi que aguantando la respiración le dije:

--Vengo a buscar ayuda.

La monjita me miró extrañada, con una mezcla de curiosidad y quizás algo de miedo, me imagino se preguntaría cuál sería el problema de aquel muchachito. Le conté que necesitaba salir de Cuba y ella me contestó:

-¿Que te hace pensar que puedas encontrar aquí ayuda en ese empeño? No sé por qué yo deba de ayudarte, y si hubiera una razón, no tengo idea de cómo hacerlo.

Yo le dije que sabía que ellos estaban ayudando a muchachos a salir de Cuba, porque entre ellos estaba mi hermano.

La Sister, Hermana o Sor, no recuerdo como me dirigía a ella, seguía insistiendo en que ella no sabía nada de lo que yo le estaba diciendo, y yo seguía insistiendo en que yo sabía que ella me podía ayudar. Le gustaba más a la Sister preguntar que contestar:

Gerardo Chávez García

¿Y si tu hermano está saliendo por ese programa que dices existe, por qué no sales tú también por esa misma vía?

Le contesté rápidamente:

--Es que me dicen que el programa es sólo para menores de 18 años y yo tengo 20.

Me contestó:

--No los luces.

Me parecía que no iba a llegar a ningún lado con Sister "algo", no recuerdo su nombre. Se me ocurrió decirle que sólo necesitaba una visa para salir de Cuba, que no necesitaba que me recibieran en ningún lugar, tampoco que me ayudaran a entrar Estados Unidos, sólo necesitaba una visa para salir de Cuba porque me sentía en peligro de ser encarcelado por razones políticas.

La Sister se quedó callada, mirándome, pensándolo, como tratando de adivinar cuales eran mis intenciones, al cabo de unos segundos, con el nerviosismo del que no está muy seguro si está haciendo algo bueno o no, me dijo:

--Vete a la agencia de pasajes X, está en la plaza de la Catedral, cuando llegues preguntas por "fulano", (tampoco recuerdo el nombre) le dices que estás ahí de parte mía, lleva tu pasaporte y $200 que es casi lo que cuesta el pasaje de ida y vuelta a Kingston, Jamaica, ya yo lo habré llamado para que te esté esperando cuando tu vayas allí la semana que viene.

Yo estaba que se me quería salir el corazón por la boca, me parecía mentira lo que estaba escuchando, y como me parecía mentira tuve que hacer la pregunta:

--Pero Sister yo no tengo visa de Jamaica.

Me respondió:

Memorias de Abuelo

--Haz lo que te digo, pero recuerda, no esperes ningún tipo de ayuda una vez estés en Jamaica. Le di las gracias mil veces, hubiera querido darle un abrazo y un beso de agradecimiento, pero me pareció que no le iba a gustar, su posición fue siempre muy defensiva, toda la conversación fue con ella parada en el umbral de la puerta, agarrándola fuertemente, como para estar preparada para cerrarla de un portazo si ella lo creyera necesario.

El lunes siguiente, con mi dinerito y el pasaporte en el bolsillo me dirigí a la agencia en la plaza de la Catedral, llegue e hice lo que me había indicado la Sister, pregunte por el señor, el cual me atendió muy amablemente, me pidió el pago del pasaje de ida y vuelta, yo le dije que solo necesitaba el de ida, y él me contestó que yo iba a salir con una visa de turista de 30 días, por tanto tenía que tener un pasaje de regreso que garantizara que pudiera regresar si se me acababa el dinero. Me dio un recibo, y me pidió que le dejara el pasaporte. Así lo hice, debería de regresar en dos días para recoger el pasaporte con la visa de Jamaica y el pasaje de una aerolínea británica que era la que realizaba el vuelo a Jamaica, de la aerolínea si estoy casi seguro, KLM o BOAC, nunca había oído hablar de ellas antes.

Ya estábamos a mediados de enero de 1961, regresé a la agencia pasaje y efectivamente, todo estaba en orden, mi vuelo estaba reservado para enero 20 de 1961, exactamente dos días después de que el 18 de enero salieran para Jamaica mi hermano Ángel, Inita y Ángel Enrique Cubría bajo el programa Pedro Pan.

A ellos en Jamaica los recibiría un sacerdote, dormirían una noche en Jamaica y al día siguiente rumbo a Miami, allí los alojarían, los mandarían a colegios, y más tarde los colocarían en casas de matrimonios norteamericanos, con la esperanza que algún día sus padres se reunieran con ellos en los Estados Unidos.

El día 19, no recuerdo por qué vía supimos que Ángel mi hermano, Inita y Ángel Enrique Cubría, ya estaban en Miami. Yo pensando que al día siguiente tomaría la misma vía de salida, la diferencia es que no tenía idea cómo y cuándo pudiera hacer el viaje de Jamaica a Miami.

Gerardo Chávez García

CAPÍTULO 3

Rumbo a Jamaica

Había llegado el día de la partida, 20 enero 1961. Mis recuerdos de aquel día están muy nebulosos, pudiera decir que casi en blanco, sé que debo de haberme despedido de los que no irían al aeropuerto, con los que había compartido mi vida desde que nací, mis abuelos, mis tíos y mis primos, a algunos de éstos no se los podía decir. De ninguno de mis amigos me debía despedir, podrían haber hecho un comentario con otros, y esto hubiera podido perjudicar mi salida.

De los que me despedí no recuerdo que nos dijimos, ni lo que me aconsejaron. Debo de haberle dicho a mi abuelita Evarista que la quería mucho, que la iba a extrañar y muchas cosas más, no recuerdo nada en particular de lo que hablamos, parece que fueron muchas emociones a la vez, en un solo día.

Si recuerdo que el día antes fui a visitar a María, mi abuelita paterna, en su casa en la loma, me despedí de ella, de mi tío René y de su esposa Carmen, pero tampoco recuerdo lo que nos dijimos.

Gerardo Chávez García

Las únicas palabras de despedida que recuerdo, y no exactamente cuáles, fue la noche anterior que aproveché que mi abuelito Vicente se dirigía al último cuarto. Aquella enorme habitación la utilizábamos todos para descansar, no era de nadie en particular, más que una habitación era como una despensa, varios escaparates, clósets y lugares donde guardar víveres, refrescos y otros objetos que no tenían un lugar específico en dónde ponerlos. Además, una cama en el centro de la habitación, donde algunos no recostábamos a descansar unos minutos, mi abuelo a dormir la siesta o alguna vez que alguien se sintiera mal se acostaba allí hasta que abuelita Evarista nos fuera a dar algún remedio casero, en otros casos de más importancia esperar por Albertico el médico.

En uno de los escaparates mi abuelito guardaba una botella de whisky White Horse, recuerdo la marca porque hacía años que lo veía ir al atardecer en busca de la botella, echar dos dedos de whisky en un vaso, y tomárselo como quien se toma una medicina, según él, para la diabetes era lo indicado. No era solo que le gustaba tomarse esa medicina, era porque creía que le hacía bien, como bien le hacía una jeringuilla de insulina que se inyectaba todos los días en la mañana, estoy seguro que aquello no le gustaba, pero lo hacía religiosamente. Era como un ritual, se sentaba a la cabecera de la larguísima mesa donde comíamos, comenzaba por afilar la cuchilla de afeitarse, una Gillette de dos filos, la balanceaba dentro de un vaso, de un lado al otro del cristal, amolando la cuchilla lenta y parsimoniosamente, como si hubiera estado haciendo algo muy técnico. De ahí se iba al baño a afeitarse, de allí salía con una probeta en la mano con una muestra de orine, ya le había añadido un líquido azul, de ahí al reverbero, acercaba la probeta con la mezcla de líquidos a la llama, sujetaba la probeta con un palito de tendedera, para no quemarse cuando el cristal se calentaba, de acuerdo al color que tomara el líquido al hervir, sabia la cantidad de insulina que debía inyectarse.

Volviendo al vaso con los dos dedos de whiskey, se lo tomaba de sopetón y después se recostaba en la cama esperando que la comida estuviera servida. Fue en ese momento que fui a verlo, le dije algo como: Abuelito me voy mañana para los Estados Unidos. En aquel momento no quería entrar explicaciones de que iría a Jamaica primero, en realidad yo no sabía qué iba a pasar. Su respuesta fue inesperada: ¿Cuándo regresas?

Estoy seguro que él no tenía ni idea de que me estaba refiriendo a un viaje largo, quizás sin regreso. No podía mentirle, pero tampoco podía decirle la verdad, por tanto cambié la conversación diciéndole algo como:

--Te lo digo por si mañana quieres ir a algún lugar, tendrías que buscar otro chofer, porque no voy a estar aquí para llevarte.

Mi abuelito ya hacía años que no manejaba, y yo con un gran placer lo llevaba a donde él quisiera ir. Con frecuencia, quizás una vez a la semana lo llevaba a La Habana, allí se reunía con su amigo José Toraño, en sus oficinas en la esquina de las calles Reina y Rayo, a una cuadra corta de la calle Galiano, en el mismo centro de la Habana, cuando lo dejaba ya dentro de la oficina me decía en qué tiempo debía regresar a buscarlo, tiempo que yo aprovechaba para caminar por los alrededores.

Regresando al recuento del día 20 enero de 1961, temprano en la mañana nos dirigíamos al aeropuerto, tampoco recuerdo quienes fueron a despedirme, sólo recuerdo a mi madre y a mi padre, estoy seguro fueron otros pero no puedo recordar quiénes. Una vez en el aeropuerto me hicieron pasar a la "pecera", llamada así por ser una pequeña habitación cerrada con cristales del piso al techo. Allí los oficiales de inmigración mantenían a los que abandonaban la isla, a veces por horas, sin tener donde sentarse, ni tomar un sorbo de agua.

La pecera se llenaba a capacidad, todos parados, apretujados, todos buscando las caras de los seres queridos al otro lado del cristal. El gentío afuera de la pecera era por supuesto mayor que dentro, se aglomeraban familiares y amigos de los que iba a marchar, era difícil buscar sus caras, entre el miedo que me fueran a descubrir los $40 dólares que llevaba escondidos en la hombrera de un abriguito de tela, y la emoción de la despedida, sin saber cuándo y si algún día nos volveríamos a reunir, no quedaba espacio en mi cerebro para darme exacta cuenta de lo que estaba sucediendo. Una vez en la pecera no había más contacto entre los de adentro y los de afuera, sólo un adiós

Gerardo Chávez García

con la mano en alto justo antes de salir a la pista, después no volvería a ver a nadie más de los que quedaba en Cuba.

Subí al avión, estaba lleno, no había un solo asiento vacío, un vuelo completo. Si me tocó la ventanilla, no lo recuerdo, tampoco recuerdo si tuve la oportunidad de mirar hacia abajo para despedirme de mi Cuba, ni remotamente podía imaginarme que hoy, 54 años después, sólo iba a tener un recuerdo de exactamente como la dejé, y no me acabo de conformar de no haber pisado su suelo otra vez, caminado sus calles, nadando sus aguas.

Pudiera decir que desde el día anterior hasta ese momento en el avión, se me han borrado los recuerdos en su casi totalidad. Solo recuerdo la fecha, enero 20 de 1961, el resto de lo que pasó ese día fue demasiado y a mucha velocidad para recordarlo.

No recuerdo ninguna eventualidad durante el vuelo, ni recuerdo que iba pensando durante las más de dos horas de vuelo, no fue hasta que aterrizamos en Kingston, Jamaica que mi mente comenzó a grabar eventos, circunstancias y lugares.

Recuerdo que esperaba por mi equipaje, una maleta y un "gusano" --así le llamábamos aquellos enormes sacos de lona o plásticos que se utilizaban para salir de Cuba-- sólo dejaban sacar dos piezas de equipaje, una tenía que ser un gusano para poder apretujar toda la ropa y todo lo que a uno se le ocurriera que le podía hacer falta en el futuro próximo.

Mientras esperaba por el equipaje miraba a mi alrededor, tratando de ir familiarizándome con mis alrededores, era mi primer viaje fuera de Cuba, no sabía que iba a suceder. En el lugar donde esperaba por el equipaje, se podía ver hacia fuera a través de grandes ventanales, afuera se podían ver maleteros, taxistas y me imagino que familiares y amigos de algunos de los que venían en nuestro vuelo, yo diría que muchos de los pasajeros eran cubanos, callados y no lucían muy tranquilos.

Al llegar al pequeño aeropuerto de Kingston, y a causa de mi ignorancia geográfica e histórica, me llamó la atención que casi todas las personas que estaban esperando afuera, eran negros y bien negros.

Memorias de Abuelo

No estaba consciente de que los blancos no abundaban en Jamaica, no había visto ni un blanco hasta que vi a uno agitando sus manos en mi dirección, miré a mi alrededor pensando que se estaba dirigiendo a alguien que estaba detrás de mí, pero el hombre seguía señalándome con su dedo.

Deben de haber pasado unos segundos antes de que me diera cuenta, que aquel hombre era un sacerdote, nunca antes había visto un sacerdote que no vistiera sotana negra, el que tenía delante vestía de pantalón y saco beige claro, de una tela como el que yo conocía como hilo, además del típico "cuello blanco" de los sacerdotes católicos. El hombre aparentaba quizás 40 años, de piel muy blanca y rojiza, como los que luego vería en los Estados Unidos, a los que llaman irlandeses.

Lo único que pude imaginarme en aquel momento es que la "Sister" había decidido hacer algo más por mi de lo que me prometió aquel día en la puerta de su colegio.

Llegó la maleta y el gusano, salí a la acera del pequeño aeropuerto, y allí aquel hombre comenzó hablarme, por supuesto en inglés, y yo no entendí nada hasta que me dijo: Mañana Miami, eso me gustó mucho y me ilusione pensando que las cosas iban a ir bien. Father Connolly, que era su nombre tomó mi equipaje y de alguna manera lo pudo introducir dentro de su diminuto VW, el modelo que luego se conocería como el famoso Beetle, lo tenía estacionado en el borde de acera, a unos pasos de donde yo acababa de salir.

El sacerdote conducía por la estrecha carretera a gran velocidad, al menos a mi me parecía que iba a gran velocidad, quizás me parecía que iba tan rápido porque yo no estaba acostumbrado a viajar en un carro tan pequeñito, por una carretera tan estrecha, y por el lado equivocado de la carretera.

Durante el viaje Father Connolly comenzó a hablar, yo le entendía más lo que me decía con sus señas que con sus palabras. Yo estaba casi seguro que me estaba diciendo que me iba a llevar a un lugar donde yo pasaría la noche, a la mañana siguiente me iría buscar para traerme de nuevo al aeropuerto y de ahí viajar a Miami. Por supuesto, yo estuve totalmente de acuerdo con su plan.

Gerardo Chávez García

Por fin llegamos a un pequeño hotelito, más casa de huéspedes que hotel. Allí él se ocupó de bajar el equipaje, lo llevó directamente a un escritorio donde conversó con una señora brevemente. Se despidió de mí, creo que diciéndome que estuviera listo a cierta hora la mañana siguiente, ¡como que si tuviera que recordármelo!

Me llevaron a la que sería mi habitación por esa noche. Acababa de entrar en la ducha cuando sentí un ruido en el cuarto, asome la cabeza desde atrás de la cortina y pase un gran susto, a la habitación había entrado una negrita muy jovencita y delgadita, cuando me vio, con gran naturalidad, como si fuera lo más natural del mundo me saludó con lo que creo haya sido un "good evening" o algo así y me dijo algo más que por supuesto no entendí, se dirigió a la cama, fue doblar la sobrecama y darle el toquecito clásico a la almohada. Terminó rápidamente, miro a su alrededor como buscando algo que no estuviera perfecto, hizo otro comentario con una muy amplia sonrisa que yo mal interprete como burlona y se marchó sin más ceremonias. En los días siguientes me di cuenta que para ellos no era nada raro, entrar a alistar la cama a la hora indicada estando el huésped dentro o fuera, no tenía nada de particular. No me volví a asustar al ver a la negrita dentro de mi cuarto en sus labores.

Ya con una ropa ligera, el trajecito y la corbata que llevaba puesto no se prestaba en lo absoluto al calor de Jamaica, salí a una especie de lobby, allí me encontré con varias personas, blancos y lucían cubanos, me acerqué a ellos tratando de averiguar más de cómo eran las cosas. Un señor alto, delgado, ya con bastantes canas me dijo llamarse Lecuona, siento enormemente no recordar su nombre completo, indebidamente lo olvide hace muchísimos años.

Inmediatamente después de presentarnos e intercambiar saludos, me presentó a su esposa y sus dos hijas, me alegró mucho haber conocido a cubanos a solo horas de haber salido de Cuba. Lecuona me preguntó que yo iba a hacer en Kingston, le respondí con gran tranquilidad:

--Nada, pasar la noche y mañana vuelo a Miami.

Lecuona me miró sorprendido y me dijo:

Memorias de Abuelo

--Si tienes visa para los Estados Unidos y no tienes nada que hacer aquí, ¿Por qué no te fuiste a Miami directamente?

Cuando respondí que yo no tenía visa, sonrió y me dijo: No creo que tú vayas a Miami mañana, sin visa no podrás abordar el avión.

Entonces le expliqué que el cura que acababa dejarme allí me había dicho que me recogería a la mañana siguiente para llevarme al aeropuerto, y ponerme un avión para Miami. El me respondió con gran sinceridad:

--Ojalá que así sea.

Cuando llegó la noche me di cuenta lo alejado que estaba del resto de Kingston aquella casa de huéspedes, una oscuridad total en la calle, que no era tan calle, era como un camino estrecho sin asfaltar, en el que cabía solamente algo más que un automóvil a la vez.

Les pregunté a los Lecuona si había algún lugar cerca a donde ir caminando, quería ver algo de cómo era Kingston ya que solo me quedaban horas allí.

Me dieron indicaciones de cómo ir caminando unas cuatro o seis cuadras, hasta llegar a una calle donde había algunos comercios, incluyendo una farmacia. Me dijeron que no debía de preocuparme por la seguridad, que era perfectamente seguro caminar hasta allí a pesar de la total falta de iluminación durante todo el camino.

Decidí caminar hasta allá, para conocer algo de Kingston, era la única oportunidad que tendría ya que me marchaba al día siguiente. En 15 o 20 minutos ya estaba parado frente a la farmacia. Los Lecuona me habían indicado que en la farmacia vendían café, una sorpresa para mí, en San Antonio las farmacias nada más que vendían medicinas, Azúcar Candy y otras boberías más. Entré, camine por un par de pasillos, y me dirigí al fondo donde había un mostrador con banquetas, pedí un café. Otra sorpresa, me preguntaron si lo quería con crema, esto lo adiviné después, en aquel momento no sabía lo que me estaba diciendo el empleado al otro lado del mostrador.

Gerardo Chávez García

Sin saber lo que estaba haciendo, entendí que la pregunta era si quería café oscuro, y respondí que sí. Perdí mis $0.10 centavos, aquella agua negra no la podía tomar. Salí a la acera, camine unos cuantos pasos en cada dirección, no vi nada que me interesara, decidí regresar a la casa de huéspedes para acostarme temprano, ya estaba cansado del larguísimo día.

A la mañana siguiente, creo que alrededor de las 10, llegó el cura, cargamos las maletas, me despedí de los Lecuona, y rumbo al aeropuerto.

Allí llegamos con tiempo sobrante, el cura me llevó hasta el mostrador de la aerolínea, entregamos el equipaje, y el padre Connolly me dijo que me iba a acompañar hasta que llegara la hora en que saliera el vuelo hacia Miami.

Nos dirigimos a unas butacas que se encontraban en la sala de espera, allí nos sentamos, me imagino que como nuestra conversación no era muy interesante para el cura, apenas nos entendíamos, y para mi menos interesante todavía, ya que no quería decir nada, aunque hubiera sabido decirlo. Father Connolly tomó un periódico que había sobre una mesita y se puso a leer, mientras yo miraba todos los alrededores. Todavía yo no sabía lo difícil que era que yo fuera a volar a Miami ese día.

A los pocos minutos, por los amplificadores del salón de espera del aeropuerto comenzaron a llamar a Father Connolly, este se levantó del asiento, y por señas me dijo que lo esperara allí. Pasaron unos 10 minutos antes que lo volviera a ver caminando hacia mí, mirándole a la cara supe que no venía nada contento. En cuanto estuvo frente a mi me dijo que yo lo había engañado, que yo no estaba en un plan para volar a Miami sin visa. Como entendí esto a pesar del fuerte tono en que me hablaba todavía no me lo explico. Me pidió que lo acompañara y nos dirigimos hacia una oficinita muy pequeña al final del aeropuerto, allí me sentaron frente un escritorio, dos personas uniformadas del otro lado del escritorio, ambos con gorras que parecían militares, o al menos pilotos de aviones, me imagino que eran norteamericanos oficiales de inmigración, eran blancos y me parecía que hablaban diferente a los jamaiquinos.

Comenzó el interrogatorio, las preguntas de como yo sabía que existía ese plan, me dieron una lista escrita a máquina para que yo buscara mi nombre en la lista, el único apellido Chávez en la lista era el nombre de mi hermano, lo señalé y traté de decir que quizá era un error en el nombre, me respondieron que no, que ese Ángel Pastor Chávez, tenía una cruz al lado del nombre, eso significaba que ya estaba en Miami, claro se referían a mi hermano que había llegado dos días antes a Miami.

La lista de pasajeros que me mostraron, daba los nombres de los pasajeros autorizados a viajar a Miami sin visa. Acababa de llegar a Kingston en el avión que estaba a punto de despegar en viaje de regreso Miami. Hasta ese momento todo el que llevara el Padre Connolly al aeropuerto lo dejaban subir al avión sin documentos. Lo que significa que si la lista se hubiera demorado un día más en llegar a Kingston, o yo hubiera salido un día antes de Cuba, probablemente hubiera podido salir de Jamaica hacia Miami en un día. Pero no todo iba a salir bien, y esto salió mal.

Al salir de aquella oficina el cura estaba indignado, furioso me decía tantas cosas y yo no entendía ninguna, creo que lo único que entendí fue que él creía que yo estaba fingiendo que no lo entendía, me gritaba que como era que más o menos nos podíamos entender antes, y ahora yo no entendía nada. No creo que yo no entendía intencionalmente, es que el susto que pase fue muy grande, acostumbrado a que en Cuba cuando lo llevaban a uno a una oficina con dos oficiales de algo, lo más natural era que estuviese fuera de circulación varios días, o varias semanas, quizás varios años. En esos momentos pensaba que en todos los países podía pasar lo mismo.

El cura no se calmaba, durante el viaje de regreso hacia Kingston me preguntó que donde yo quería que él me dejara. Le dije que en cualquier lugar donde yo pudiera dormir, me respondió que en cualquier lugar había que pagar y que él ya había pagado una noche en el hotel y que no iba a pagar ni una noche más.

El hombre estaba frenético, le pedí que me dejara en la misma casa de huéspedes de la noche anterior, me recalcó que él no iba a pagar el hospedaje, le dije, entre palabras, gestos y señales que yo entendía que él no iba a pagar por el hospedaje.

Llegamos al hotel y esta vez no hizo ni el intento de bajarme las maletas, espero sentado al volante a que yo bajara las maletas, salió disparado y no chillaron las gomas porque la carreterita era de piedras.

Entré con mis bultos al lobby y me encontré con Lecuona, le conté lo sucedido, esta vez le hice la historia completa, desde La Habana hasta lo sucedido en el aeropuerto hacia menos de una hora. Se sonrió y me dijo:

--Estuviste más cerca de llegar a Miami de lo que yo creía.

Los Lecuona ya llevaban varios meses atascados en Jamaica, su hija menor padecía de un tipo de mongolismo que era un impedimento para obtener la visa de residencia permanente de Estados Unidos. Ellos no sabían que existía la idea surgida de la Iglesia Católica para sacar menores de edad de Cuba, con el plan de que los padres pudieran reunirse con ellos en un futuro cercano. Este plan luego se conoció como Pedro Pan y comenzó a funcionar a mediados de enero de 1961.

Me imagino lo que habrá pensado la familia Lecuona al contarle yo sobre el plan, seguramente lamentaron haber salido antes de que comenzara el para ellos desconocido plan Pedro Pan, hubieran salido mejor si todavía estuviesen en Cuba, mandarían las hijas por el plan de la iglesia, y luego a reunirse con ellas en Miami, al menos para la hija menor hubiese sido la gran solución, no hubiera tenido las dificultades que estaban teniendo con su enfermedad, bajo Pedro Pan no preguntaban nada de salud, si se tenían menos de 18 años, no preguntaban nada, a volar.

Yo tenía que hacer los arreglos para contratar por unos días, mi estancia en la casa de huéspedes. Fui al escritorio donde se encontraba la recepcionista, le dije que me diera la misma habitación de la noche anterior, me parece recordar que eran como ocho dólares diarios incluyendo desayuno, almuerzo y comida, saqué mi cuenta y tenía suficiente dinero para algo más de cuatro días.

CAPÍTULO 4

La familia paterna

    Debía de haber comenzado estos relatos por el mismo principio, aquel septiembre 24 de 1940 cuando di mi primer grito. Según me contó mi madre muchas veces, más veces de lo que yo hubiera querido, la mantuve despierta casi que el primer año de mi vida, la noche entera gritando, y ella sin saber qué hacer para callarme.

    La habitación de mis padres daba a la calle Martí, la principal de San Antonio de los Baños. Tenía una reja alta en la ventana, que llegaba desde el piso hasta casi el altísimo techo de la habitación. Las ventanas quedaban tan altas como una puerta, se mantenían abiertas noche y día para que entrara la brisa. Recordemos que no teníamos aire acondicionado. Una pequeña cortina, corta que no llegaba al suelo impedía que los que pasaran por la acera pudieran ver hacia dentro. Tantos eran mis gritos que en más de una ocasión el sereno tocó a la ventana para preguntarle a mi madre si al niño le pasaba algo.

Gerardo Chávez García

En aquellos tiempos teníamos un sereno voluntario. Según él, caminaba la cuadra, o se suponía que caminara la cuadra durante toda la noche. A fin de mes tocaba a la puerta a cobrar y traía en la mano un recibo como pago voluntario a sus servicios. Algunos de los vecinos, no todos, les daban dos o tres pesos al mes al sereno por su supuesta labor de cuidarnos a todos. El viejito sereno era muy bueno en su labor, o quizás era que no hacía falta, nunca supe que entraran de noche en ningún comercio o casa del pueblo. Tiendo a creer que era que no hacía falta, porque cuando el viejo sereno dejó de ofrecer sus servicios, nada cambió, nunca me enteré de que entraran en algún lugar durante la noche.

Según me han dicho, llegando a mi primer año de vida, al fin deje de gritar toda la noche, me callé y deje dormir a mis padres y mis abuelos que dormían en el cuarto de al lado. En esa habitación dormi como hasta los tres años y medio. Hasta que nació mi hermano, él pasó a ocupar mi lugar en la habitación.

Si hubiera comenzado el relato por el principio, podía ir presentando a cada una de las personas que debo mencionar en mis relatos, mientras recuerdo cómo fueron los primeros 21 años de mi vida. Comencé el relato en 1959, que en realidad fue el comienzo del final de mi vida en Cuba.

Ahora paso a describir brevemente una especie de árbol genealógico, breve, sólo para quien se atreva a aburrirse con esta lectura, sepa a quienes me refiero y que parentesco tenía con ellos.

Mis padres, Ángel María Chávez Negrín y Cecilia García Rodríguez, se casaron en diciembre 30 de 1937 y yo fui el mayor de sus dos hijos.

Mi padre, hijo de Celestino Chávez Negrín y María Negrín Pérez, fue uno de cinco hijos. Tres varones, él, su hermano mayor Eloy, y el menor de los varones René. Dos hembras, María "Chacha", y Hortensia la mayor. Debo aclarar que mis abuelos eran primos lejanos, nacidos los dos en fincas colindantes en los alrededores de Wajay, un pueblo pequeño a unos 10 o 15 KM de La Habana. Los apellidos Chávez y Negrín eran muy comunes en esa zona, y hasta se encontraban muy entrelazados entre sí, como consecuencia de varios matrimonios entre primos más o menos lejanos.

Quiero empezar por contar algo sobre cada uno de ellos. De mi abuelo Celestino tengo sólo un recuerdo. Tendría yo cuatro años, cuando recuerdo haber estado sentado en el suelo del recibidor (o zaguán como le llamábamos) de su casa, una casa vieja y larga hacia atrás, con losas rústicas que tenían cierto desnivel ondulante. Mi abuelo Celestino, sentado en un sillón en un extremo de la estrecha y larga habitación, me tiraba naranjas rodando por el suelo, las recuerdo dando pequeños saltos a consecuencia del desnivel de las losas, yo se las tiraba de regreso, y en ese juego estuvimos no sé que tiempo, si mucho o poco, en este momento es todo lo que recuerdo de él. Me parece que era un hombre bajito y delgado, pero no estoy seguro, no tengo ningún recuerdo de él estando de pie. Mi padre me había llevado a verlo, ahora pienso que quizás fue porque su salud no andaba bien. El próximo borroso recuerdo que tengo de haber escuchado algo sobre él, fue cuando me dijeron que había muerto, y en esa lejana memoria me parece que fue sólo unos días después de haber estado yo en su casa con aquel entretenido juego de tirarnos naranjas.

Cuando pasaron muchos años siendo yo un adolescente, caminaba o montaba bicicleta por todo el pueblo, traté varias veces de reconocer la casa donde yo tenía el único recuerdo de mi abuelo paterno, pero no lo logre. Sabía en qué cuadra era pero no que casa y sabía que la casa estaba a poco más de media cuadra de la estación del ferrocarril. En la calle Maceo en la acera de enfrente de una tienda de víveres y ferretería llamada El Morro estaba la casa.

Mi cuarto y quinto grados los cursé en la Academia Pitman, que se encontraba también en la calle Maceo, a cuadra y media de la casa de mi abuelo, pero en dirección contraria a la antes mencionada estación de ferrocarril. Varias veces después de salir del colegio camine por la acera, mirando con curiosidad a ver si podía rescatar algún recuerdo. Todo fue inútil, no me explico por qué nunca le pregunté a mi padre exactamente cuál era la dirección de la casa. De mi abuelo paterno esto es todo lo que recuerdo.

Gerardo Chávez García

Sobre mi abuela María si tengo muchos y más vívidos recuerdos, por supuesto, porque todavía vivía cuando yo salí de Cuba. Después de la muerte de mi abuelo Celestino, me contaron años después, que mi padre se había ganado una casa, en una especie de rifa o concurso de un periódico, al cual se había suscrito simplemente porque su hermano, mi tío René, se ganaba comisiones haciendo suscripciones y repartiendo el periódico Prensa Libre.

Recuerdo que muy pequeñito mi padre me llevaba a ver los avances de la construcción de la casa, caminábamos entre los cantos, los cantos eran de piedra blanca y dura, eran unas piezas grandes, las recuerdo como de aproximadamente 18 X 12 x 4 pulgadas de grueso. Por supuesto, estas medidas las recuerdo por haberlas visto constantemente años después en otras construcciones y en mis exploraciones de jovenzuelo por cada rincón del pueblo y de sus alrededores, incluyendo la cantera.

Allá, al extremo oeste del pueblo, como si extendiéramos medio kilómetro las calles Guillermón y Mayía (apellidos de patriotas cubanos, excepto tres calles del pueblo, todas las demás llevaban los nombres de patriotas cubanos o de gloriosas batallas de la Guerras) y después de pasar el recién construido Colegio Médico, descubrí la cantera de donde posiblemente habían salido los cantos que formaron la casa de mi abuela. La cantera estaba abandonada, ya se construía con bloques de cemento. Cuando yo la encontré, la cantera era un hueco enorme de paredes blancas, entre las hendijas crecían helechos y otras plantas pequeñas. En aquel hueco crecían varios árboles jóvenes entre la vegetación que cubría todo el fondo del hueco. No, créanme, aunque parezca extraño en mi joven espíritu aventurero, no baje al fondo del hueco a investigar.

Los cantos se iban colocando uno encima del otro, se iban convirtiendo en las paredes que soportarían el peso de la placa de cemento que sería el techo. Este tipo de techo era a prueba de huracanes, eran eternos con un mínimo de mantenimiento.

La casa se construyó en la calle Rosa Robés (el nombre de otra patriota cubana del siglo XIX) que pasaba por el costado y a cinco cuadras de la casa en que viví mis 20 años en Cuba. Era la última casa en esa calle, en la cima de una loma que costaba trabajo subirla en las bicicletas de aquella época.

La casa estaba situada en la misma esquina que formaban Rosa Robés con la calle Mal Tiempo, extraño nombre para una calle, excepto para quienes conocieran que una de las batallas más famosas y heroicas de la Guerra de Independencia, se le conoce por ese nombre. No se nombró así a la calle porque la batalla se desarrolló en esa zona, si no fue honrando la gesta que se produjo al otro extremo de la Isla. La casa estaba situada en un barrio que llamábamos La Loma. Una vez terminada se mudaron a ella mi abuela, su hija Hortensia y su hijo René que creo que estaba todavía soltero por aquel entonces.

Mi más grato recuerdo de abuela María, es cuando yo tendría unos 9 o 10 años, se me metió en la cabeza criar periquitos. Mi madre no aceptó de ninguna manera que yo pusiera una jaula en el patio. Una jaula mediana, de unos 4 × 4 × 4 pies, pero ella se opuso rotundamente a mis deseos, "¡Una jaula de periquitos en el patio, que horror!"

En una visita a casa de mi abuelita María, le conté que estaba disgustado porque mi madre no me dejaba poner una jaula en el patio. Enseguida ella me dijo:

--"No hay problema, pon la jaula y los periquitos aquí."

La casa tenía un patio interior pequeñito que sería una fracción diminuta del tamaño del patio de la casa donde yo vivía, pero evidentemente a ella no le molestaba, y si le molestaba, lo aceptaba para complacerme. También me imagino que ella sabía que teniendo la jaula en su patio, probablemente iría todos los días a su casa. La jaula sería otro incentivo para que la visitara con frecuencia.

Lamentablemente, en ocasiones, pasaban a veces algo más de semanas sin ir a verla. El incentivo de freírme los plátanos maduros más sabrosos que he comido en mi vida, parece que ya no era suficientemente atractivo para hacerme salir de los parques. Los parques, uno a una cuadra de la casa, el Parque Central, para patinar en ruedas y el otro también a una cuadra en dirección opuesta, el Parque de la Iglesia, para jugar a la pelota.

Gerardo Chávez García

Nunca olvido lo contento que yo me puse con el permiso para comenzar la cría de periquitos. Había sido un permiso con entusiasmo de mi abuela María y ahora sólo me faltaba la jaula. Mi abuela Evarista estaba muy al tanto de mis deseos y salió en mi ayuda. Debe de haber mandado a buscar a un carpintero, probablemente uno de las docenas de ahijados que tenía, le debe de haber pedido que me hicieran la jaula, y me dio la noticia que ya el problema de la jaula estaba solucionado. Ya tenía la jaula, nada más me faltaban los periquitos. No sé de dónde saqué los periquitos, eran sólo dos parejas.

Mi tío René me llevó a la orilla del río donde había caña brava, una especie de bambú de tronco grueso y hueco en el centro. Allí cortó unos pedazos que eran los que yo había leído que le gustaban a los periquitos para hacer sus nidos. En un par de semanas, que estoy seguro me lucieron meses en aquel momento, todas las condiciones estaban listas. Los periquitos ya en su jaula y con sus nidos y yo esperando por sus huevitos.

Todos los días yo iba a la Loma a darle comida a los periquitos y ver cómo iba la cría. No sé qué tiempo pasó, sería unas pocas semanas, al cabo de las cuales no habiendo actividad de reproducción, me aburrí. Quizás aquello había sido durante las vacaciones de verano y ahora no tenía tanto tiempo disponible. Eventualmente, como hacen todos muchachos, dejé de ocuparme de los periquitos. Ella siguió ocupándose de atenderlos, tal y como me han hecho mis nietas con su gato.

Cuando yo iba a ver a mi abuelita, siempre iba al patio a ver los periquitos, un día sólo encontré tres, el otro había muerto. Poco a poco se fueron muriendo todos, uno a uno y nunca vi un huevo.

Mi tío René con su esposa Carmen, vivía con mi abuela María en la casa de la Loma. René me complacía en todo lo poco que yo le pedía. Cuando yo quería jugar pelota y no tenía con quien, René y yo pasábamos horas tirándonos la pelota uno al otro.

Mi tío René era un hombre muy simple, modesto, sin recursos económicos. Vivía de la ayuda de mi padre para sostener la casa y pequeños trabajitos. Arreglaba radios y cosas parecidas. Mi tío Tito

Vicente abrió una forrajearía, y eso representó una oportunidad de trabajo para René, que se convirtió de la noche a la mañana, en gerente y único empleado de la forrajearía. Esto fue un gran cambio en su vida, me imagino que tendría cerca de 40 años de edad, cuando por necesidades del trabajo tuvo que aprender a manejar, lo hizo en el Jeep de Tito. Se veía feliz, con su sonrisa amplia y sana, más amplia que nunca antes. Con un trabajo nuevo y manejando.

Yo sentía gran respeto por René con su comportamiento cuando llego la revolución. Si un hombre humilde se unía a la revolución, con un esfuerzo se podía entender, porque los revolucionarios llegaron ofreciendo lo que sabían que no iban, ni podían dar. El pobre no tiene nada que perder y cualquier cambio no cree que puedan hacer las cosas peor para él. Con Rene no funcionó, desde los primeros días se expresaba en contra de lo que estaba sucediendo. Eso fue muy diferente a mi otro tío y tía paternos, que se convirtieron al comunismo con gran felicidad y facilidad.

Mi tía Hortensia, un gran ser humano, muy cariñosa, muy tímida, muy callada. Creo que hablaba poco por miedo, a sin querer, molestar a alguien. Muy complaciente, nunca la vi molesta, por muchos años trabajó para mi madre en los asuntos de la costura que ella le vendía a la tienda El Encanto, en La Habana. Muchas veces oí a mi padre lamentarse que Hortensia no se hubiera casado, pero a mi me parecía que ella no le daba ninguna importancia a su soltería. Si le daba importancia a algo, no lo dejaba ver.

Del otro tío, Eloy, y la tía Chacha no tengo recuerdos para mencionar, puedo asegurar que si me muestran una foto de ellos en aquellos años, probablemente no podría reconocerlos. Con Eloy no recuerdo haber hablado nunca, a pesar de que iba a su casa casi que a diario. Yo era un muchachito, iba en bicicleta a casa de Eloy a llevarle y traerle los encargos de costuras de mi madre. Sus hijas, mis primas, Adelfa y Argelia, que por muchos años también trabajaron confeccionado aquellas exquisitas canastillas ya mencionadas con anterioridad.

Las otras dos hembras de Eloy eran Adria y Adelina. Con la primera si tuve mucha interacción, creo que era sólo un año mayor que yo y hasta la visitaba después que se casó con Ovidio, otro comunista. Adria fue a vivir al otro extremo del pueblo, cerca del hospital y frente a la Escuela Superior Domingo Lence, donde curse el último grado antes de ingresar al bachillerato. Por estar tan cerca, cuando tenía tiempo, o mejor dicho, cuando no tenía algo mejor que hacer, cruzaba la calle, le tocaba la puerta, la saludaba y hablábamos de cosas sin importancia por unos minutos. Muchas veces pasaban semanas y meses antes de volver a verla. Adelina era una niñita, por lo menos 7 u 8 años menor que yo, por tanto no teníamos ni de qué hablar.

Eloy también tenía un varón, Alfredo, y sí, los nombres de los cinco hijos empezaban con A. Creo que Alfredo era el mayor de los hijos de Eloy, mucho mayor que yo y por la diferencia de edades, no tengo recuerdos de haber conversado con él. De él lo último que recuerdo es haberlo visto vestido de miliciano y creo que tampoco lo reconocería en una foto de aquella época.

La tía Chacha, la más joven, también convertida al comunismo, era habladora y su esposo Roberto aún más hablador. Él trabajaba en la Compañía Cubana de Electricidad, uno de los mejores trabajos para un obrero en el pueblo. Roberto también era comunista. Hablábamos brevemente cuando yo iba a llevarle a Chacha tareas de costura. No sé por qué, pero tengo que admitir que Roberto no me caía bien. De su matrimonio recién había nacido una bebita a mediados de la década de 1950.

Me parece recordar que en mis últimos dos años en Cuba, nunca fui a casa de ninguno de estos dos hijos de Eloy. No los vi más y más nunca he sabido de ellos. Sólo con mi prima Argelia mantuve contacto. Ella salió de Cuba y vivió un tiempo en Miami donde la visité una o dos veces. Después se mudó a Venezuela, yo la veía cuando venía de visita a ver a su tío, mi papá. Después de la muerte de mi padre, Argelia siguió visitando a mi madre cuando venía de vacaciones a Miami. De los primos que quizás me queden en Cuba, no he sabido nada más en los últimos 30 años.

CAPÍTULO 5

La familia materna

De esta parte de mi familia si tengo mucha más información, claro, viví con todos ellos en la misma casa mis 20 años vividos en Cuba. Los veía a todos, día a día. Este será un capítulo de muchas páginas, quiero comentar algo sobre cada uno de los residentes que fuimos de aquella casona de la Calle Martí 108, luego Martí 52 Oeste bajo la nueva numeración que se estableció a mediados de la década de 1950. Ahora creo que, el Apóstol perdió su calle, cambiaron el nombre de Martí a Calle 41, que como todo lo que han hecho en más de medio siglo, no tiene sentido, esa calle es la del centro del pueblo y San Antonio no tiene 10 calles al norte, ni al sur de la calle que para mi sigue siendo Martí, mucho menos 40 para que esta sea la 41.

Mi madre, Cecilia García Rodríguez, hija de Vicente García de Paz y Evarista Rodríguez Díaz, tenía cuatro hermanos, comenzando con el mayor Félix, seguían Servelio, Onelio y Tito Vicente, el menor. De cada uno de los mencionados tengo tantas cosas que recordar y contar, que no terminaría nunca, serían páginas y páginas, voy a escoger solo uno de mis recuerdos de cada uno, aprovechando para contar como eran las cosas, según las vaya recordando.

Debo comenzar por el tronco, mi abuelito Vicente, el hombre sencillo que más he admirado en mi vida. Más que admiración, fue mi inspiración durante mis años de lucha por crear una familia.

Su sencillez la veía cuando comencé a tener conciencia de lo que pasaba a mi alrededor, por aquel entonces ya él se había retirado de los avatares diarios, iba todas las mañanas a las fincas a caminar sus potreros, sus cosechas, y disfrutar mirando a sus animales. Al mediodía regresaba al pueblo a almorzar, después al Casino Español, que no era un casino propiamente hablando, era una entidad social con un gran edificio frente al Parque Central, allí se reunían sus miembros para conversar, jugar al dominó, al tresillo que era un juego con barajas, o a la viuda que era un tipo de juego en una inmensa mesa de billar.

Así eran la mayoría de sus días, una vida placentera, sin obligaciones, haciendo en cada momento lo que en cada momento quería hacer, nunca nada exagerado, todo simple, sencillo. Disfrutó de su otoño, de forma envidiable, se lo había ganado porque no siempre fue así.

Los primeros 50 años de su vida no fueron nada sencillos, a principios del siglo XX era un emigrante en Cuba, ¿Cómo fueron esos primeros años? No lo sé, es precisamente no saberlo el motivo por el que escribo esto recuerdos. Se algo, como que fue a trabajar al campo, para un hombre con poca educación formal, esa era la única alternativa.

Creo que siempre estuvo trabajando en las fincas en los alrededores de San Antonio los Baños, allí aprendió el cultivo del tabaco, y lo aprendió bien, era un trabajo sumamente rudo, por ejemplo, él me contó que regar el tabaco era uno de los trabajos más fuertes, no había tuberías, no había mangueras, había que hacerlo con unas latas de metal que llevaban cinco galones de agua, dando viajes desde el pozo hasta dentro de la vega, con una lata llena de agua en cada mano.

Por supuesto ese proceso era lento, no alcanzaba el día para hacerlo, por tanto, cuando caía la noche había que seguir regando hasta la madrugada. El que ha cargado un tanque plástico de cinco galones lleno de agua sabe cuánto pesa, cargar dos a la vez, uno en cada mano, caminando por tierra suelta, o fangosa, habían de los dos tipos, no sé cuál era peor. No sé cuántos años hizo este trabajo y todos los demás que eran necesarios para obtener una buena cosecha.

En aquella época y en aquella zona de San Antonio, los cosecheros de tabaco establecidos estimulaban a sus mejores trabajadores. Pequeñas participaciones de las ganancias que producían las cosechas, eran incentivos para trabajar con más deseos. Los que aprovechaban estos estímulos y seguían produciendo más, obtenían mejores ventajas, los dueños de las tierras los convertían en "Partidarios", les asignaban en algún lugar de la finca un bohío con piso de tierra y techo de hojas de palma, un pedacito de tierra alrededor del bohío lo podían utilizar para su propia cosechas de vegetales y frutos menores. También podían criar gallinas y con sus ahorros compraban primero una chiva, después una vaca, ya tenían la alimentación completa, lo que les sobrara después de lo que sus familias consumían, lo podían vender por su cuenta y todo el dinero era para ellos. Así podían ahorrar más, y eventualmente, trabajando sin descanso, podían arrendar un pedacito de tierra para trabajarla por su cuenta. Si todo iba bien, después de unos años, podían arrendar o hasta comprar una pequeña finca.

Este debe de haber sido el proceso por el que pasó mi abuelo Vicente, no lo he podido confirmar, nunca le pregunté a él cuando tuve la oportunidad. Me siento bastante seguro que así fue, porque si sé con absoluta certeza, que este mismo método lo siguió utilizando él con las personas que fue empleando. Habiendo sido mi abuelo un hombre justo, leal y honrado, estoy seguro que sentiría que debía darles a sus empleados las mismas oportunidades que tuvo él. Tan elevado era su concepto de legalidad y honestidad, que en ocasión de una visita que hizo con mi padre a la finca Kukine, la que fue de Fulgencio Batista, llena de sucios, peludos y barbudos revolucionarios, le dijo muy seriamente a mi padre:

Gerardo Chávez García

--¡Si Batista tiene los papeles bien arreglaos no le van poder quitar la finca!

Que lejos estaba mi abuelito de imaginarse que hasta él, que nunca tuvo nada que ver con un gobierno, perdería las suyas.

Yo recuerdo perfectamente, que durante la década de 1950, él ya tenía cinco partidarios en diferentes fincas. Gabriel Méndez fue uno que había sido partidario en una parte de Santa Rosa, ahorró lo suficiente para comprar su propia finquita, exactamente detrás de la finca Santa Rosa, lo recuerdo perfectamente, tendría yo 12 o 13 años, iba caminando, atravesando potreros hasta llegar al lindero con la finca Dos Hermanos, que era la que había comprado Gabriel, los sábados allí me esperaba Gabrielito su único hijo. Inés, su madre siempre nos preparaba deliciosas comidas, montábamos a caballo, jugábamos a la pelota, tumbamos mangos y mamoncillos en la finca de al lado, la de Lalo, al que nunca conocí, raro, nunca vi nadie en la finca de Lalo, no había nada sembrado allí, solo pasto para las reses.

Tristemente Gabrielito había sufrido de poliomielitis cuando niño. Le había quedado una pierna más corta que la otra, eso lógicamente lo tenía amargado, y acomplejado. Para tratar de esconder que cojeaba, caminaba dando una especie de salticos cortos. Mirando hacia atrás, creo que Gabrielito tenía un legítimo complejo de inferioridad. Unos años después, todavía siendo un jovenzuelo de 16 o 17 años murió después de una breve enfermedad.

Lo anterior ha sido un breve relato de los comienzos de mi abuelito Vicente, por supuesto en esos 50 años, hubo sus altas y sus bajas. Santa Rosa fue la primera finca que mi abuelo arrendó, los arrendamientos de fincas en aquellos tiempos eran de por vida, mientras se pagara la cantidad acordada como renta, continuaba el contrato de arrendamiento sin caducidad.

Con el fruto de su trabajo en esta finca arrendada, compró una pequeña finquita llamada El Ferro, y cada unos cuantos años reinvertía todas las ganancias y sus ahorros en comprar más fincas y sembrar más tabaco. En años siguientes compró dos fincas adyacentes al Ferro, unió las tres, en cada una de ellas tenía un partidario. Recuerdo los tres partidarios, Bebo, Dionisio y Rafael, este último un isleño tan leal y trabajador como mi abuelo, que con su esposa Victoria tenían una hija, Jorgelina, ésta fue novia de mi eterno amigo Ramiro Miqueli.

La historia de cómo se comportó Rafael con mi abuelo a la llegada de la revolución en 1959, es digna de relatar. Los revolucionarios castristas en su afán por destruir la propiedad privada, comenzaron a decir que la tierra debía ser de quien la trabajaba.

Un día los revolucionarios del pueblo recibieron una orden de La Habana para comenzar a pasar los documentos de propiedad de las fincas con partidarios a nombre del gobierno, diciendo que después de un tiempo, pasarían a nombre de los partidarios.

En la noche del día en que se dio a conocer el robo gubernamental de las tierras a sus legítimos dueños, Rafael se apareció en nuestra casa en pueblo. Habló con Félix, este ya hacía años era quien se ocupaba de atender todo lo relacionado con los partidarios.

Aquella noche Rafael le dijo a Félix:

--Hoy fueron a la finca unos tipos a darme la noticia que yo tenía derecho legal a la finca porque era yo era un partidario, y bajo la nueva ley yo pasaría a ser el dueño. Le respondí que el dueño de esa finca era Vicente García, que no era yo.

Contó que le habían dicho que tenía que aceptarlo, que era la ley, y que por eso estaba esa noche en el pueblo, para que Félix le ayudara a buscar una casa en el pueblo para mudarse, ya que él no sería cómplice de ese robo.

No todos los casos fueron como el de Rafael, por ejemplo Bebo, simplemente dijo que no tenía donde ir, que no tenía que hacer con su familia, y que si él no se quedaba con la finca, otro se quedaría con ella. Félix y mi abuelo le dijeron que se quedaran, lo mismo que le habían dicho a Rafael, si no se quedaban ellos, alguien más se quedaría en sus lugares. Preferimos que seas tú, le dijeron a ambos. Rafael no aceptó quedarse e insistió en que lo ayudaran a buscar una casa en el pueblo, pero Bebo si acepto las condiciones impuestas por los revolucionarios.

También está el caso de Dionisio, que aceptó de buena gana el regalo de las tierras de mi abuelo, creía que se había quedado como dueño absoluto, no sabía que el verdadero dueño era la tiranía de Castro.

A la semana de haber Dionisio aceptado el regalo, se le rompió la turbina del regadío, no tenía cómo arreglarla, no tenía dinero para un mecánico, y como hacía cuando era partidario, fue a Santa Rosa para pedirle a Tío Félix que le mandara el mecánico. Por supuesto, Félix que no se quedaba callado fácilmente le contestó:

--La finca esa es ahora tuya, arregla la turbina como puedas, mira a ver si la revolución te la manda arreglar como lo hacía yo cuando la finca era nuestra.

Yo creo que hubiera sido adecuado decirle: Mi padre regó tabaco con latas en esa finca, has tú lo mismo.

El otro partidario que también tomó una posición parecida a la de Dionisio fue Juan Mesa, partidario en la finca Santa Cecilia, directamente al otro lado de la carretera que pasaba por el frente de Santa Rosa, las portadas de las dos fincas estaban directamente una frente a la otra. Vicente Mesa, el hijo mayor de Juan también una vez fue a pedir consejo de cómo resolver un problema en la finca, no sé qué tipo de "consejo" Félix le dio, pero si sé que más nunca fue a pedir algo.

Desde 1943 la Santa Cecilia era ya una finca pequeña, casi la mitad del terreno se la quitaron a mi abuelo durante la segunda Guerra Mundial, los norteamericanos necesitaban una base aérea en ese territorio e hicieron una enorme. Santa Cecilia estaba en la parte que quedaría más separada del centro de la base, por esto solo le quitaron una parte, no toda la finca como a muchos otros. Cuando digo quitaron, me refiero a que era obligatorio entregar el terreno que ellos necesitaran, ya lo pagarían, y en efecto así lo hicieron varios años después de terminada la Segunda Guerra Mundial. Claro que el pago de las tierras no fue tan amplio y beneficioso como se esperaba, solo pagaron la tierra, no las estructuras y mejoras, pero a mi abuelo no le fue mal, antes de entregar el terreno mandó a desarmar 4 o 5 casas de tabaco y las mudó para Santa Rosa

Lo que hacía mi abuelo de reinvertir todas sus ganancias y su capital en la próxima cosecha, no estaba libre de riesgos, podía haber una catástrofe donde lo perdiera todo, pero si no hubiera tomado todos esos riesgos desde el principio, no hubiera llegado a tener los bienes que logro acumular.

Un ejemplo de esto fue en 1944, un ciclón muy grande y fuerte pasó por nuestra zona, yo acaba de cumplir cuatro años, recuerdo mirar brevemente entre el marco y la puerta entreabierta, volaban los portones de acero que había en los comercios de la cuadra. En huracán sucedían cosas que un niño no había visto antes, cosas que para un adulto eran inconvenientes, asegurar ventanas y puertas clavándole pedazos de madera, alumbrarse con velas, almacenar agua y alimentos, todo esto era casi una fiesta para un niño.

Recuerdo unos días después fui a la finca, la casa de tabaco más cercana a la casa principal, se había caído sobre un costado, el techo de hojas de guano tocaba la tierra, enseguida se me ocurrió lo divertido que sería subir hasta la parte más alta del techo, y desde allí deslizarme hasta la tierra, sería una sensación muy parecida a deslizarme por una canal en un parque de diversiones, me parece recordar que estuve horas haciendo eso mismo, subiendo poco a poco, con mucho trabajo, agarrándome de las hojas de guano, hasta llegar arriba para inmediatamente deslizarme hacia abajo.

El viento tumbó varias de las casas de tabaco. Se llamaban así porque era donde se curaba el tabaco, estaban aseguradas y se recuperó el costo de volverlas a construir. Lo que no se descubrió de inmediato, fue que los vientos trajeron con ellos mucha sal con el agua de mar que levantaron a su paso, esa sal contaminó las plantas de tabaco, nadie se dio cuenta del desastre, hasta que mi abuelo en sus acostumbradas pruebas que iba haciendo a las hojas de tabaco según estas iban creciendo, se dio cuenta que no ardían.

Gerardo Chávez García

Para saber si la hoja iba a arder consistentemente, mi abuelo estiraba la hoja de tabaco, le pegaba el tabaco encendido que estaba fumando, recuerdo que se iba haciendo un círculo rojizo y parejo según avanzaba el fuego lentamente, eventualmente ardía la hoja entera. La prueba resultó en algo que no le había sucedido nunca, no había forma que las hojas ardieran, luego no sé por qué motivo o de qué forma se enteraron que había sido el agua con sal que había traído el ciclón. Esta historia me la contó Tito hace sólo un par de semanas, siempre que me reúno con él trato de refrescarle la memoria, y saber más sobre

Mi abuelo, Vicente García de Paz,
Examinando una de sus hojas de tabaco.

mi abuelo, sus negocios y todo lo concerniente a su vida.

Esa cosecha tuvieron que venderla como picadura, para ser mezcladas con otras picaduras y ponerla como relleno en tabacos de mala calidad, el precio obtenido fue una pequeñísima fracción de lo que normalmente producía una cosecha normal.

Perdió casi todo lo invertido, sólo recuperó una pequeña porción de lo que sería una cosecha normal, se la compraron para ser utilizada como relleno para tabacos de baja calidad. Al año siguiente, comenzó a preparar más terrenos, para sembrar más plantas de tabaco que el año anterior.

Tío Félix, muy conservador, no le gustaba tomar riesgos, ya estaba ayudándolo en la administración y siembra, se alarmó, protestaba porque mi abuelo había ido al banco a pedir dinero dando como garantía la casa y las fincas para poder hacer una cosecha aún mayor. Mi abuelo insistió en que lo iba a hacer, seguía tomando riesgos como siempre lo había hecho. En esa cosecha le fue tan bien que recuperó lo perdido el año anterior más las ganancias de ese año. Casi que cualquier otra persona hubiera tenido más cautela, después de un desastre como aquel, y por tanto hubiera estado muchos años tratando de recuperarse del desastre de 1944.

De mi abuelo tengo otras historias que tratare de contar en algún momento de estos relatos, cuando haya terminado de tocar brevemente cada uno de los familiares maternos residentes en aquella casa inolvidable.

Ahora es el turno de mi abuelita Evarista. No me cansaré nunca de decir que mi abuelita es la mujer y ser humano más cariñoso y altruista que he conocido en mi vida. La recuerdo cuando ya ella había sufrido dos accidentes de automóvil que le habían dejado con sus piernas débiles, una más corta que la otra, ambos accidentes mientras conducía mi abuelo Vicente. El primer y más grave accidente sucedió en 1946, el automóvil se fue contra un enorme árbol en una curva de la carretera de San Antonio a La Habana. Salieron sin heridas de consideración mi abuelo y mi madre, abuela sufrió la fractura de una pierna que la dejo cojeando el resto de su vida.

Desde que tengo recuerdos la veía sentada en la máquina de coser Singer, de las que se operaban con los pies, no las eléctricas que nunca quiso. Allí zurcía medias, calzoncillos, camisas y cuanta pieza necesitara de su mano hábil. Recuerdo que me hacía calzoncillos a mí, a mi hermano y no sé a quién más. Hacia camisitas y pantaloncitos para regalar a niños de amigas o conocidas con escasos recursos.

Cuando se levantaba de la máquina de coser, iba a la cocina, hacer los postres del diario, esa parte no se la daba al cocinero. El resto de la comida la dirigía, pero ya sus piernas no le permitían estar de pie mucho tiempo.

Las únicas veces que la oí protestar era porque no le traían de la finca suficiente leche, viandas, verduras y hasta pollos para ella poder regalar a sus "compromisos". En ocasiones en que había pocas vacas paridas, no podían traerle toda la leche que ella necesitaba para regalar. A escondidas de Tío Félix mandaba al empleado de la limpieza a comprar leche en el restaurante de la esquina, para que no se le quedara ninguno de sus negritos sin tomar leche.

El empleado de la limpieza tenía una labor a realizar todas las mañanas, era ir por el pueblo repartiendo botellas de leche a las personas que ella sabía tenían un bebito pequeño y pocas posibilidades de comprar leche. Las recién paridas tenían prioridad, si lograba que le trajeran un pollo más de los necesarios para la comida de la casa, el pollo (vivo) adicional era para que las paridas se hicieran una sopa. Esas también recibían una "mano" de plátanos manzanos, o una bolsa con unas papas o boniatos. Las visitaba, le llevaba ropitas para el recién nacido hechas por ella. No daba más porque no le traían más de la finca.

Nunca salía a pasear, sus salidas eran solo para visitar enfermos en el pueblo. A veces planeaba una salida larga, a visitar hermanos que vivían en fincas en los alrededores de San Antonio, en muchos de estos casos yo la llevaba una vez que tuve edad para la licencia de manejar.

La gente del pueblo salía los domingos en la noche a caminar la calle Martí de un lado a otro. Ella mandaba a abrir los portones de lo que llamábamos el zaguán, (una especie de "foyer") se sentaba en un sillón a ver la gente pasar, según iban pasando la gente, entraban a saludarla, ella pedía que trajeran más sillones, cuando se llenaba el espacio, incluyendo unos bancos largos que estaban recostados a una de la paredes, los que más tiempo llevaban de visita, por educación, se iban marchando para darle espacio a los nuevos visitantes, eso era cada domingo.

Cualquiera que no la conociera podía pensar que por ser tan bondadosa la gente iba a visitarla por el interés de sus atenciones. Esto se comprobó que era totalmente falso, años después, una vez en Miami, se repetían las visitas cada domingo, y en Miami nada tenía ella que dar. Aquí y allá, fue tanto el amor que regalo que hasta sus últimos días tuvo visitas cada domingo, costaba trabajo en ocasiones buscar donde dejar un automóvil para visitarla, se llenaba la calle de la casa en que vivió en Miami, el 1355 SW 18 Street.

Todo lo más que pudiera contar de ella, serían bondades, y más bondades, para mi una verdadera santa que no mereció estar 7 años invalida y casi sin poder comunicarse. Siempre recuerdo que decía, "lo único que le pido a Dios es que me lleve rápido, no quiero ser carga para nadie." No le concedieron a lo que fue una verdadera santa su último deseo. Misterios.

Con el resto de los residentes tengo que ser más breve, nunca terminaría si no lo fuera. En orden debo pasar a Tío Félix, el mayor de los hermanos, desde que tengo memoria, ya era el administrador de las fincas.

De carácter fuerte era muy respetado por todos, no tenía pelos en la lengua, decía lo que él creía había que decir. Recuerdo varios casos en que me pareció que iba a buscarse un problema con los revolucionarios, pero nunca la sangre llegó al río.

Fue Tío Félix quien prácticamente me obligó a manejar. Estábamos, él y yo, algo alejados de la casa, habíamos ido en uno de los tractores que le llamábamos "grillo" (parece que por tener los ejes delanteros bajos y las ruedas traseras altas), nos bajamos y caminamos por dentro de una vega de tabaco, no me acuerdo que necesitaba que se había quedado en la casa. Me miro y me dijo: "Coge el grillo, vete a la casa y trae x ", lo mire asombrado, creo yo tendría 12 o 13 años, no tenía idea de cómo manejar el tractor ni nada que tuviera un motor. Le conteste que no podía, porque yo no sabía manejar. Se molestó y me grito: ¿Cómo que tú no sabes? Pues aprende ahora mismo, vete, móntate, arráncalo y dale. Ni siquiera hizo el intento de ir conmigo a darme un par de indicaciones. Más por respeto y hasta miedo no lo pensé dos veces, me dije creo que tengo que aprender a manejar hoy mismo. Pasé mucho trabajo y nerviosismos, dando saltos fue, me parecía que se iba a desarmar el grillo, pero llegué hasta la casa y regresé con el encargo. Nunca olvidaré el día que aprendí a manejar solo, se lo debo a tío Félix.

Nieves, la madre de Sergio, muy callada, muy atenta y cariñosa. Sabiendo que lo que recordamos de la niñez son las cosas que nos impactaron fuertemente. Debo decir que en alguna ocasión Nieves me debe de haber regañado, pero yo no recuerdo ninguna, así que el regaño debió haber sido muy leve.

Servelio, "El más recio de los hermanos", como describían a Miguelon en Los Tres Villalobos, una novela radial de aventuras que todos escuchaban, fue tan famosa que se escuchó en varios países de la América. Siempre vi a Servelio como un superhombre, unos brazos con unos bíceps de 17 pulgadas, y una fuerza increíble. En mi niñez lo recuerdo arando la tierra con los grillos, araba de noche para evitar el calor del sol. Responsable más que nadie, se creía en el deber de proteger a todos, disfrutaba a sus sobrinos como si fueran sus hijos. Probablemente el más machista de los hermanos, era un hombre muy atractivo según he escuchado, en su juventud se puede decir que aprovechó su apariencia.

La pasión de Servelio por el juego de béisbol era increíble, en mi juventud, cuando ya él tenía cerca de 40 años de edad, todavía participaba en los juegos del campeonato de softball con los jóvenes de San Antonio, y había que jugar al máximo para escapar de sus muy severas críticas. Durante sus últimos años en Miami, sería la única persona que yo he conocido que escuchaba por radio un juego de pelota mientras veía en televisión otro juego distinto, siempre muy severo en sus críticas a los jugadores. A los managers que no ordenaban las jugadas que él creía eran las indicadas los llamaba "mancos de cabeza".

Memorias de Abuelo

Onelio, el caballero como sus amigos le llamaban. Mi último año de bachillerato lo cursé en el Instituto de la Habana, el viaje desde San Antonio era largo, por tanto me quedaba en su casa durante la semana. El fin de semana me iba con él, su esposa Julia y los niños a San Antonio, regresábamos el domingo en la noche. Algunas veces, si yo encontraba algo muy agradable que hacer en el pueblo, prefería quedarme el domingo por la noche y viajar en guagua el lunes por la mañana.

Con Onelio di mi primer viaje a las Islas Canarias, nos divertimos muchísimo, y para recordar solo un pasaje, en capítulo aparte, si encuentro donde intercalarlo, hago una descripción detallada de nuestra inolvidable llegada a La Palma en busca de la familia lejana, después de décadas sin saber nada de ellos.

Tito Vicente, el más joven de los hijos. Creo que como a los 5 o 6 años pase a ser su compañero de cuarto en aquella casona de mil recuerdos. Como él es 12 años mayor que yo, él con 17 o 18 tenía una agenda muy diferente a la mía, no recuerdo detalles de ni una sola conversación entre nosotros en aquellos años. Con esa diferencia de años, a esas edades, no había mucho en común para conversar. Años después, siendo ya un jovenzuelo si teníamos algo de que hablar, íbamos al gimnasio a las mismas horas, él también disfrutaba jugar en los campeonatos de softball. Desde muy joven se convirtió en el negociante de la familia, fue el que buscó otros horizontes de negocios que no fueran la agricultura, no sin antes haber probado lo que era ser un camionero, fue por un tiempo el encargado de llevar a las fincas el abono de caballos que mi abuelo compraba en el Hipódromo y en La Cabaña, que vale la pena aclarar que mi abuelo compraba toda la mierda que producían todos los caballos del Hipódromo de La Habana, que llenaban un camión grande diariamente. Parece que funcionaba, el tabaco que producía era el mejor del mundo en su clase.

Sergio, mi primer primo, era otro de los residentes permanentes de la casona, con cuatro años de diferencia de edad conmigo, nuestras agendas eran también diferentes. Cuando yo tenía entre 18 o 20 años comenzábamos a coincidir en algunos hobbies, el gimnasio, además del softball, como alguna visita a un night-club, o íbamos juntos a un baile en un pueblo cercano como Bejucal o Santiago de las Vegas, y

Gerardo Chávez García

dije "íbamos", porque dependiendo de las complicaciones que algunas veces surgían, íbamos juntos pero regresábamos por separado, a diferentes horas.

Angelín, los mismos cuatro años de diferencia en agendas, cuando él se acercaba a las edades en que podíamos coincidir en algunos gustos o aventuras, llegó la noche larga. A esas edades, en aquellos tiempos, eran raros los "double dates", ni siquiera había un nombre para describirlos.

Creo que tuvimos más de uno, solo recuerdo el de Cuca y su amiga, dos muchachitas que vivían en la playa de Santa Fe, no recuerdo si Cuca era su pareja o la mía, él si se acordaba con detalles, hace unos pocos años me recordó el evento, lo tenía bien claro en su mente. Por la dificultad de la distancia, entre San Antonio y la playa de Santa Fé, me parece que no se repitió el "double date" más de un par de veces.

CAPÍTULO 6

De la niñez a la adolescencia

Cuando trato de recordar cosas durante mi niñez que valgan la pena mencionar, me sorprendo de tan pocas cosas que vienen a mi mente antes de 10 o 12 años de edad.

Sí, me acuerdo de los nombres de mis colegios, pero no recuerdo mucho nada en particular que merezca la pena mencionar. Por una cuestión de orden debo por lo menos mencionar el nombre de los colegios. Mi kindergarten y pre primario los pasé en el colegio la Santa Infancia, un colegio de monjas exclusivo para niñas, con la excepción de kindergarten, pre-primario y quizás primer grado. Recuerdo que ya al final del pre-primario me empezaba a molestar que yo estuviera asistiendo a un colegio de niñas. De esos años sólo recuerdo que Sor María, una monjita muy viejita, todo cariño y bondad era mi maestra. La directora, Sor Caridad, mucho más joven, era todo lo contrario, de carácter fuerte y estricto, le tenía un miedo que me moría.

Gerardo Chávez García

No recuerdo donde cursé el primer grado, ahora me entran dudas, y pienso que el primer grado también lo pasé con Sor María. No estoy seguro, ni tengo ya forma de averiguarlo.

De ahí pasé a la Academia Atenas para el segundo y tercer grados, en ambos mi maestra fue Fidelina (Filuca, sólo para sus amigas) González, fueron mis mejores dos años de estudiante, en ambos obtuve el primer lugar de la clase, sin estudiar.

Al pasar al cuarto grado mi maestra en Atenas sería Olga, hermana de Fidelina. Mi madre no creía que Olga era una buena maestra, quizás no eran las mejores amigas, no sé por qué motivos no se llevaban muy bien, y por tanto fui a cursar el cuarto grado a la Academia Pitman, allí me parece que sólo estuve un año, mi maestra era Ada Cruz, la encontraba tan bonita que puedo decir que fue mi primer amor.

El quinto grado es un misterio borroso para mí, tal vez lo pasé también en la Pitman, no me acuerdo, sé que el sexto grado lo pasé en el colegio público que estaba a dos cuadras de mi casa, las clases eran después del mediodía y en la mañana el director del colegio, de apellido Carrasco me daba clases particulares todas las mañanas. Carrasco era un hombre de mediana estatura barrigoncito, le gustaba tocar el violín, su repertorio era muy limitado, casi que exclusivamente el Himno Nacional. Carrasco tenía una especie de reacción nerviosa que lo hacía resoplar por la nariz casi que constantemente, afortunadamente los frecuentes soplidos eran en seco, una especie de hábito que evidentemente él no podía controlar. El 10 de marzo 1952, yo no había cumplido los 12 años, iba caminando por la acera de la calle Zayas en dirección a la casa de Carrasco, que se encontraba entre las calles Mayía Rodríguez y Tito Yllera, noté que había más gente en las calles que de costumbre, normalmente estaban casi desiertas temprano en la mañana, comencé a escuchar comentarios en la calle, había habido un golpe de Estado, yo no tenía idea que significaba eso. Cuando llegué a casa de Carrasco, éste me dijo que regresara a mi casa, que no se sabía lo que podía pasar. Así lo hice, pero para mi el día pasó como otro cualquiera, había pasado un golpe de Estado sin disparar un tiro, y yo seguía sin saber que quería decir eso.

De la escuela de Carrasco pasé a la Escuela Superior Domingo Lence, en el edificio antiguo, el de la calle Vivanco, que estaba en muy malas condiciones. Ese curso lo terminé en el recién inaugurado edificio de la Escuela Superior, muy bonito, lindísimo, pero tampoco tenía aire acondicionado, amplias ventanas abiertas dejaban entrar alguna brisa, que no era suficiente para la cantidad de estudiantes que había en cada aula. Este edificio se construyó sobre los terrenos del cementerio viejo, unas cuatro manzanas de extensión entre las calles Nueva en el este hasta Aranguren, al oeste, la calle que pasaba frente al hospital. La entrada principal estaba por la calle Nodarse, y por la parte de atrás daba a la calle Juan Delgado. Todos estos nombres de calles eran en honor a patriotas cubanos que habían luchado en las guerras independentistas. Después de 1959, los únicos patriotas eran los castros, por tanto a todas las calles le quitaron los nombres que habían sido ganados con sacrificio y sangre.

Como el cementerio ya se había dejado de utilizar desde principios del siglo XX, habían crecido árboles pequeños, grandes arbustos y hierbas altas, el típico terreno abandonado. Recuerdo cuando yo tendría nueve o diez años iba con mis amigos a jugar a las "pandillas" al cementerio viejo. El juego consistía, más o menos, en crear trampas encima de huecos para que cayeran los "pandilleros" del otro equipo. Los huecos, por supuesto, eran tumbas que al parecer habían sido rellenadas con tierra, con el paso de los años, las lluvias y el tiempo apisonaron las tierras hacia el fondo de las tumbas, dejando huecos entre uno, dos y hasta tres pies de profundidad. Los sábados era el día de ir a jugar al cementerio, con frecuencia encontramos alguno que otro hueso menor, una tibia o un peroné eran los de mayor tamaño, que yo recuerde nunca encontramos un cráneo.

Terminados mis estudios en la escuela superior, ingresé a la escuela de Bachillerato de la Academia Pitman. Durante el primer año de bachillerato, la escuela estaba localizada en lo que fue la primera casa de mi abuelo en el pueblo, en la calle Máximo Gómez casi esquina a Porto. El segundo, tercero y cuarto año de bachillerato, los cursé al cruzar de la calle, en un edificio que había sido muchísimos años antes, un cuartel del ejército.

Gerardo Chávez García

El quinto y último año de bachillerato, lo curse en el Instituto de la Habana, y en un capítulo anterior mencione algunos detalles de ese año, que también pasó con más penas que glorias.

En general, sobre mis estudios, no tengo mucho de que vanagloriarme, desde el tercer grado no volví a estar entre los primeros estudiantes de cada año, no podía estar, no estudiaba, con lo que oía en las clases iba a los exámenes, en algunos casos solamente habiendo leído unas cuantas páginas del libro. De esa forma por supuesto, pasaba raspando el Aprobado, y en más de una ocasión, tenía que llevar una asignatura de arrastre. Por ejemplo, la Historia Antigua y Media, no me atraía en lo absoluto, me resistía a leer aquella cosa que no me interesaba en lo absoluto, mucho menos recordarlo, ¿Para qué me iba a servir saber que los medos y los persas, miles de años antes, habían tenido luchas entre sí, las llamadas Guerras Medicas? Parece que mi desdén por la historia antigua y media, específicamente las Guerras Medicas, venía de herencia, siempre recuerdo escuchar que a mi tío Tito cuando le pidieron en un examen que describiera la Guerras Medicas, hizo un relato donde contaba que "los médicos armados con sus bisturís, corrían con sus maletines a refugiarse en sus consultas", no sé si esta historia fue verdadera, pero si estoy seguro de haberla escuchado muchas veces. Evidentemente por cuestión de genes, andaba ya por tercer año de bachillerato, y todavía tenía pendiente aprobar la Historia Antigua y Media que era del primer año.

Lo anterior ha sido un resumen de lo que fueron mis escasos éxitos como estudiante, sentía que los ratos de ocio me dejaban poco tiempo para estudiar. Por supuesto que hoy no estoy orgulloso del estudiante que fui, pero tengo que admitir la realidad.

Ahora estoy pensando sobre lo que yo hacía en esos años de la niñez, cuando no estaba el colegio. Recuerdo que pasaba horas jugando a las bolas (marbels) en la calle de al lado de mi casa, allí me reunía con otros niños del barrio, y me parece recordar que estábamos el día entero jugando a la bolas. Más adelante según íbamos creciendo, cambiábamos los tipos de juegos.

Dos o tres años más tarde jugábamos a la quimbumbia, para este juego lo único que hacía falta era un palo de escoba, se le cortaba un pedacito de 4 o 5 pulgadas, se les sacaba punta en ambos lados, con otro pedazo del palo de escoba, de unas 14 o 16 pulgadas, se golpeaba una de las dos puntas contra la superficie de la calle, eso hacía saltar el pedacito y en el aire se trataba de golpearlo lo más lejos posible, de ahí en adelante se seguían una serie de reglas no escritas, y difíciles de explicar, por lo que prefiero no intentar seguir describiendo este deporte tan singular.

El palo de escoba era muy útil para varios juegos, era muy barato, cualquier escoba vieja tenía un buen palo que servía como un bate en el juego de béisbol, en vez de pelota utilizábamos corchos de botellas de vinos y cidras. Este probablemente, este haya sido mi juego favorito por un largo tiempo.

Por épocas, al atardecer, y entrada la noche, me reunía con mis amigos a intercambiar las postalitas repetidas que teníamos con la aspiración de llenar un álbum. Entre los álbumes que traté de llenar y nunca logré completar, estaban los Tres Villalobos, La Cenicienta, Caperucita Roja, Pinocho, y muchos más.

Me resulta imposible recordar mi edad aproximada según iban cambiando mis actividades. Recuerdo que de muy niño iba a la finca, tenía que esperar por alguien que fuera al potrero y me agarrara un caballo manso, con el que yo paseaba solo por toda la finca. Cada vez que iba a la finca, como no había nadie desocupado, tenía que esperar pacientemente que alguien me preparara un caballo. No sé cuándo fue que decidí no seguir esperando por ayuda de alguien, decidí que yo sólo iba a agarrar el caballo. Era más fácil de lo que se puede uno imaginar, me iba al potrero con unas mazorcas de maíz o millo en una mano, en la otra el cabezal y las riendas, me iba acercando lentamente al grupo de caballos, los mansos enseguida venían hacia mí, los que no se habían dejado domesticar huían, preferían seguir comiendo hierba, a cambio de mantener su libertad en los potreros. En unos 15 o 20 minutos, ya tenía un caballo bajo mi control, lo llevaba de la rienda hasta una cerca o algún lugar desde donde yo pudiera pararme para alcanzar la altura suficiente para montarlo, la cosa era sin montura, con sólo una manta, si los indios en las películas del oeste que tanto me

Gerardo Chávez García

gustaban lo podían hacer, yo también podía. La realidad era que las monturas eran muy pesadas, no podía levantarlas para ensillar el caballo, yo creo que las monturas pesaban más que yo, siempre fui muy flaco.

Un poco más crecidito, durante el verano me iba a jugar béisbol al parque de la Iglesia. En épocas de clases sólo los sábados y domingos. En las tardes iba a patinar al Parque Central, esto después de una lucha enorme para comprar los patines. Mi madre estaba opuesta a que yo tuviera patines, Alexis, el hijo de una de sus más cercanas amigas, Asunción, se había fracturado un brazo por una caída mientras patinaba. Salió mi abuelita Evarista a mi rescate, me dijo: Vete a la ferretería y dile a Maximino que te dé el par de patines que tú quieras, que me lo ponga en la cuenta. Increíblemente las cuentas de la ferretería y la de los viviéres se pagaban una vez al año.

Con el pasar de las semanas y de los meses, seguían cambiando las actividades constantemente, a pesar de la resistencia de mi madre. Después de otra lucha grande, en contra de su voluntad conseguí una bicicleta. Fue con esta bicicleta que conocí el pueblo entero, cada calle, cada cuadra, cada rincón del pueblo. Poco a poco me fui alejando del centro del pueblo, un día iba hasta la Punta de Rozas (si con z, no eran flores, era un apellido) desde donde partían dos carreteras, una hacia el pueblo de Güira de Melena, la otra hacia Alquízar, no recuerdo nada importante que reportar como resultado de esa exploración, al parecer nada allí me impresionó.

Otro día me dirigí hacia el paradero de trenes, hacia el sur del pueblo, di mis vueltas por esa zona, a dos o tres cuadras del paradero llegue a la fábrica de levaduras norteamericanas Fleishman. Exactamente frente al bello y antiguo edifico de la Fleishman, cruzando la estrecha carreterita se encontraba la Cueva del Sumidero, interesante lugar donde el río Ariguanabo, después de atravesar el pueblo de norte a sur en toda su extensión, se sumergía en una cueva debajo de una centenaria ceiba, su grueso tronco no lo podrían abrazar cuatro hombres. La ceiba descansaba parcialmente sobre una enorme roca.

La ceiba nace en Cuba donde se le antoja, alcanza considerable altura, majestuosa, preciosa, de largas ramas que se extienden horizontalmente, con muy escasas hojas, casi desnudas, y su ancho tronco salpicado de diminutas espinas. Yo lo llamaría un árbol solitario, no recuerdo haber visto dos o más juntas. En las fincas de mi abuelo, solo recuerdo una, allá, al fondo, en la más remota esquina de Santa Rosa, me gustaba ir a admirar su solemnidad. ¿Que se habrá hecho de ella? Si la dejaron vivir, si no fue fusilada por la ignorancia, debe de estar cerca del siglo y medio.

Mi amor por la ceiba descarriló mi relato, volviendo a aquella primera vez que estuve en la Cueva del Sumidero, allí el caudal de aguas era mínimo, se podía comparar con algo así como un insignificante arroyuelo de dos o tres pies de ancho, con dos y tres pulgadas de profundidad. Evidentemente ésta, mi primera visita, fue durante un período donde las lluvias habían sido escasas, lo que me dio la oportunidad de bajar muy cuidadosamente, dando pasos o saltos de roca en roca, hasta llegar debajo de la ceiba, allí, en la pared de aquella enorme roca, encontré un hueco, más bien un rajadura horizontal en la roca, en la forma de una sonrisa de labios gigantes, como burlándose de aquel que se atreviera a asomarse, aquel que se atreviera a tratar de descubrir secretos dentro de su profunda garganta. La oscuridad era total mirando hacia adentro desde la misma boca, y el valor no me alcanzaba para meter la cabeza entre aquellos labios, para no quedar como un cobarde ante mi mismo, pensé con resignación, para que voy a meter la cabeza, con la oscuridad no voy a ver nada. Recuerdo la hendidura como de unos dos de pies de alto, en lo que vendría a ser el centro de lo que hoy se me ocurre llamarle los finos labios de aquella boca, que de una comisura a la otra tendría quizás quince o veinte pies, sobraba mucha boca para tragarse el escaso caudal del río aquel día.

El río crecido, cuando estaba a su más alto nivel, como a unos cincuenta pies antes de desaparecer bajo la ceiba, le daba a sus visitantes un espectáculo emocionante de espumas y finas lloviznas, la corriente golpeando las rocas levantaba brazos de agua, y entre las espumas y las aguas, en ocasiones se veían biajacas y truchas en viaje a lo desconocido, atrevidas, se habían acercado demasiado a donde se estrechaba el lecho del río, donde la corriente se volvía tan poderosa, tan invencible, que amenazaba con arrastrar hombres o bestias que pusieran un pie en sus aguas.

En el curso de los años muchas veces visité la Cueva del Sumidero cuando el río estaba crecido, las condiciones eran totalmente diferentes, el ancho y alto caudal de agua formaba un remolino, como apretujándose para irse por el hueco, el hueco que no se veía, pero que yo bien sabia estaba al menos veinte pies allá abajo, en el medio del desorganizado embudo de aguas que formaba el remolino.

Varias veces en mi vida escuché historias de desafortunados que habían desaparecido para siempre en el remolino, no sabiéndose nunca si el cuerpo se había ido entero, tal vez en pedazos al cabo de unas horas, destrozado por la fuerza de la corriente. No había forma de intentar un rescate del cadáver hasta semanas después, cuando el caudal del río volviera a su normalidad, y semanas después no quedaría ni un ligero rastro.

Casi todos los sábados emprendía una expedición solitaria hacia algún extremo del pueblo. Una vez a subir la Loma del Garrifero, por la carretera camino a La Habana. Hacía años había estado en los terrenos alrededor de la carretera, el doctor Alberto González (Albertico el médico) nos había llevado a mi hermano y a mí, a empinar papalotes, allí siempre corría la brisa perfecta para ese deporte. La diferencia grande de ir en bicicleta, era la emoción de la bajada, había que ir frenando la bicicleta y no dejarla coger impulso, en caso contrario era imposible pararla, posiblemente se fuera a parar contra la pared del Bar Mariano que tenía sus instalaciones al pie de la loma .

En otra de mis pequeñas expediciones, ésta vez hacia el norte, quizás ya con 13 o 14 años, llegue con la bicicleta hasta las afueras del pueblo, a las márgenes del río, antes de que éste llegara al pueblo. Me encantó el lugar, en mis ojos aparecía como el lugar más bello del mundo. Después de algunos viajes, breves y reservados a El Paso del Soldado, que era como se llamaba esa parte del río, (nunca nadie me pudo decir por qué ese nombre) comencé a pensar que lo que me faltaba para completar aquella emocionante experiencia era bañarme en el río, algún día no muy lejano sería.

Por las tardes nos reuníamos en el Parque Central un grupo de amigos, casi todos ciclistas, les conté mi descubrimiento, si subían hacia el norte por la calle Maceo, hasta que terminara la calle, de allí se continuaba por un camino estrecho, polvoriento y pedregoso, con algunas curvas no muy pronunciadas, nada peligrosas, esquivando alguna que otra roca, un bache, y después del equivalente a dos o tres cuadras, se acababa el trillo por el que se podía transitar en bicicleta con trabajo y pericia, terminaba en la cima de una lomita desde la cual se veía el río. Allí había que dejar la bicicleta, se continuaba caminando por un estrecho sendero que iba bajando lentamente hasta la orilla del río. Todos quedamos entusiasmados con la emocionante idea de ir hasta el río al día siguiente.

Gerardo Chávez García

Parque Central. Lugar inolvidable para mi, allí pasé infinidad de horas durante cada una de las etapas de mi vida.

Memorias de Abuelo

Gerardo Chávez García

Una de la espectaculares, apacibles y vírgenes curvas del Río Ariguanabo. Al final, detrás de la curva, las cristalinas y paradisíacas aguas de El Nudismo, abrigado por la impenetrable vegetación.

CAPÍTULO 7

El Río Ariguanabo

Después de un par de viajes exploratorios por los alrededores del Paso del Soldado, ya el grupo estaba listo para la próxima aventura, nadar en las frescas aguas del Río Ariguanabo. Como todos sabíamos que si comentábamos nuestros planes con nuestros padres, la respuesta sería una prohibición, todos coincidíamos en que debíamos considerarlo como otra actividad cualquiera. No pedíamos permiso para ponernos los patines, lo mismo si era para patinar en el parque, como para ir a deslizarnos por la empinada Loma del Hielo. No, no era que la loma tuviera hielo, el nombre era porque la fábrica de hielo de San Antonio estaba situada en la ladera de la loma.

Cada uno de nosotros tenía que obtener una trusa o un short viejo, que no se notara su falta, con eso y un peine sería suficiente, toallas no eran necesarias, el sol y la brisa eran suficientes.

Yo no recuerdo quienes fuimos en el primer grupo, si recuerdo nombres de los que después iban con frecuencia. Charles Hernández,

Gerardo Chávez García

Gonzalo Posada, Alfredo Miller, Alberto Lischteinten, y algunos otros que hoy no recuerdo. No todos éramos expertos nadadores, por tanto no nos alejábamos mucho uno del otro. Yo había dado mis primeras brazadas de muy niño en la Playa de Baracoa, no podía decir que era un gran nadador, pero no me hundía y llegaba de un lado al otro del río sin problemas. Siempre digo que aprendí a nadar en el río porque fue allí que me convertí en un nadador ligeramente superior a la generalidad.

Entrábamos al río caminando sin zapatos por encima de pequeñas y medianas piedras redondeadas por la corriente. Durante al menos dos siglos las aguas habían ido erosionando, redondeando picos, aristas y todo lo que estaba en las orillas del río, por eso no era difícil caminar por la orilla y entrar unos cortos pasos hasta tener el agua a la cintura, un agua cristalina y potable. Unos pasos más al centro, el lecho del río estaba cubierto de un fango gris oscuro, que hacía lucir al agua, desde afuera, casi negra. El río tenía una gran profundidad en el centro, nunca pudimos llegar al fondo en la zona de El Soldado, entre nosotros hacíamos competencias sobre diferentes actividades, una de ellas era sobre quién podía nadar hasta el fondo del río, solamente Charles podía hacerlo, tenía la habilidad de permanecer por lo que nos lucía varios minutos bajo la superficie, cuando ya pensábamos que le había sucedido algo asomaba la nariz primero, la cara enrojecida por el esfuerzo y levantaba sus manos llenas de fango, una prueba irrefutable que había llegado al fondo.

En algunas épocas del año, no se cuales, el río se llenaba de malanguetas, una planta acuática muy singular. Tratando de encontrar un nombre más descriptivo y común, no científico, fui a Google, busqué por "planta acuática" y aparecieron cientos de ellas, una sola foto exacta, a mis ojos bellísima, le dan el nombre de Camalote, como no me gusta ese nombre sigo llamándola malangueta.

Nuestra malangueta era una planta pequeña, menos de dos pies de diámetro, sus hojas alcanzaban una altura de solamente 8 o 10 pulgadas. Las hojas eran de consistencia dura, como un cartón, de un color verde que brillaba por la sustancia que naturalmente las cubría para hacerlas impermeables.

Memorias de Abuelo

La mayoría de las plantas acuáticas que tienen hojas que descansan sobre la superficie del agua, tienen largos tallos que las conectan con sus raíces a la tierra en el fondo, por lo que permanecen en el mismo lugar toda su vida. La malangueta es especial, la planta entera flota. La madre naturaleza le hizo un diseño especial al tallo, a medio camino entre las hojas y las raíces, el tallo se abulta, se forma como un globo lleno de aire, y es esto lo que hace que soporte el peso de las hojas y no se hunda. Por este motivo una malagueta podía nacer en la boca de la laguna, navegar el río entero hasta tropezar con la represa donde la mayoría terminaba su vida, excepto que algunas se iban por encima de la represa, cuando el río estaba crecido desde los puentes se les veían viajar hasta la cueva, casi siempre solitarias, o en pequeños grupos de dos o tres plantas.

Las malanguetas cuando se detenían frente a un obstáculo que le impedían seguir su viaje, se iban uniendo entre sí, formaban lo que le llamábamos balsas, sobre ellas podíamos transportar artículos ligeros, por ejemplo ropas. Habían temporadas en que las balsas se hacían enormes, llegaban de una orilla a la otra, obstruían la navegación y por supuesto nadar libremente río abajo. Esto no impedía que pasáramos un buen rato, nos sumergíamos al borde de una de esas grandes acumulaciones de malanguetas, y mirábamos bajo las flotantes raíces, que no eran grandes, unas 8 o 10 pulgadas, la oscuridad era total, pero casi siempre, en algún lugar, veíamos un haz de la luz del sol penetrando la oscuridad, casi siempre había un espacio en que las hojas y raíces no estaban muy compactas entre sí. Esto significaba que nadando por debajo del agua en dirección al haz de luz, al llegar allí, podíamos respirar, agrandábamos el hueco por donde entraba la luz y al menos podíamos sacar la nariz, en la mayoría de los casos con poco esfuerzo apartábamos dos o más plantas y podíamos sacar la cabeza entera. Después de un pequeño descanso, tomábamos todo el aire que pudieran acumular nuestros pulmones y a sumergirnos de nuevo, y nadar hasta el próximo haz de luz. En ocasiones había que retirarse al punto de partida, no se veía un próximo haz de luz, o estaba tan lejos que los menos arriesgados de nosotros, no éramos lo suficientemente temerarios para nadar en oscuridad total sin saber a dónde íbamos, y más importante, sin saber si íbamos a llegar al próximo respiradero.

Gerardo Chávez García

Afortunadamente nunca tuvimos ni siquiera un gran susto, pequeñas inconveniencias, como una vez en que entrando al río, con el agua a los tobillos sentí algo punzante, un dolor profundo, levanté el pie, y estaba sangrando más de lo que hubiera querido, por el dolor que me causaba parecía ser bastante profunda, aunque en realidad el corte en la piel era poco más de media pulgada.

Trate de limpiarla con agua fresca de la corriente, quitando toda la tierra y un pedacito de cristal transparente que se asomaba, como diciéndome que él había sido el culpable. De inmediato traté de cerrar la herida, que aunque mucho menos, todavía sangraba. Ya con la herida desinfectada a mis standards, uní lo mejor que pude los dos lados de la piel, creo que con una media me amarraron el pie lo más fuertemente que pudieron, eso detendría la sangre, y probablemente en un par de horas ya ni me acordaría de lo sucedido. Me pase el resto de la tarde sentado sobre una piedra mirando a mis amigos en el agua.

Ese lapso de tiempo en que un niño pasa a ser un adolescente no está bien definido, todos tenemos conceptos similares pero no iguales de cuando es el cambio, nos basamos en la edad fisiológica y por su puesto la edad psicológica, entre otras cosas. Nunca nos damos cuenta cuando pasamos de la niñez a la adolescencia, ni siquiera años después nos detenemos a pensar cuando fue nuestro salto de una a otra definición. Solo cuando tratamos de mirar al pasado es que nos damos cuenta que no sabemos una fecha aproximada, en el mejor de los casos tenemos que conformarnos con recordar un evento, que nos haya impactado. En este caso, si hubiera sido un niño hubiera llorado, hubiera corrido a buscar socorro, como no lo hice, me parece que el cristalito en el pie me convenció que ya no era un niño, no sé si tenía 12 o 14 años, entra esas dos edades estaba cuando este incidente.

Llegar a la casa y contar lo sucedido no era una opción, de hacerlo hubiera recibido una larga perorata de los peligros del río, que yo bien los sabía. Además sería una preocupación constante para mi madre saber que yo estaba yendo al río. La herida era en el mismo centro del arco de la planta del pie, de manera que el peso del cuerpo no caía sobre la herida, podía caminar sin una gran molestia. Un pedacito de algodón, y un esparadrapo para mantenerlo en el lugar era todo lo que necesitaba. En unos cortos días la herida estaba totalmente sanada, apenas se veía, pero el dolor persistía si presionaba sobre la pequeña cicatriz, comenzaba a preocuparme.

Una semana, quizás 10 días después comenzó a abultarse la herida, el dolor a intensificarse, y la piel se tornaba amarillenta, tenía que tomar acción. Con discreción agarré una tijera de mi abuelita, le limpie las puntas con alcohol, y comencé a abrir la herida con mucho cuidado, no salía sangre, sólo un líquido medio viscoso y amarillento. Comencé a explorar dentro de la herida con la punta de la tijera, sentí un sonido muy leve, escarbando un poco más adentro, fue suficiente para darme cuenta que estaba tocando otro pedacito de cristal. Necesitaba más instrumentos para terminar con la cirugía reconstructiva, una pinza de cejas ayudada por la tijera, me resolvería el problema, así fue, después de algunas maniobras, con algún pinchazo de dolor, pude sacar el pedacito de cristal, quizás del tamaño de un garbanzo, eche una gran cantidad de agua oxigenada y aquel liquido rojo, mercuro cormo, que curaba cualquier herida, un algodoncito, esparadrapo para volver a unir la piel, y terminada la operación.

En menos de una semana se me había olvidado el incidente, de regreso al río, los primeros días mirando con cuidado donde pisaba, después como si nada hubiera pasado.

Unas semanas después, quizás un mes, me enteré que todos mis esfuerzos por mantener en secreto el accidente del cristal, no hubieran sido necesario. Mi madre ya sabía que yo estaba yendo al río, no sé por qué eligió no decirme que lo sabía. La madre de Alberto descubrió que él estaba yendo al río, según él, recibió un castigo fuerte, incluyendo algo físico. Esther era una polaca (no necesariamente de Polonia, le llamábamos polacos a todos los que vinieran de esos países para mi raros de Europa, como le llamábamos Gallegos a todos los que venían de España, sin importar de qué región fueran) que con su esposo tenía la segunda mejor tienda de telas del pueblo, "Los Barateros", ambos eran muy serios y estrictos con sus dos hijos. Esther pensó que debía informarle a mi madre que era yo el que había embullado a Alberto a ir al río, fue a visitar a mi madre para que ella tomara las medidas necesarias. Según me dijo Alberto, mi madre le contestó: "Esther, ¿Que tú quieres que haga con mi hijo? ¿Amarrarlo?"

Gerardo Chávez García

Me parece recordar que después del intercambio de palabras entre las dos Mamás sus relaciones entre ellas sufrieron un deterioro.

Diferentes tramos del río tenían su nombre, nunca supe quién se lo había dado, pero nunca los he olvidado. Unos cientos de metros al norte del Paso del Soldado, después de una de sus muchas curvas se encontraba un tramo llamado El Novillo, era el último tramo con nombre desde ahí hasta la boca de Laguna Ariguanabo donde nacía el río.

Saliendo de El Soldado en dirección al pueblo, una primera gran curva hacia el norte, muy cerca de la orilla izquierda había una estructura de concreto, era como del tamaño de uno de esos grandes tanques que almacenan agua, la diferencia era que esta estructura no era circular, sino cuadrada montada sobre cuatro gruesas columnas en las esquinas. Llevaba el nombre de El Donque, el mismo nombre con que se conocía ese tramo del río. El Donque, debió haber sido en el siglo XIX, una especie de turbina para sacar y almacenar agua del río, no recuerdo ninguna tubería, así que no sé cómo transportaban el agua desde allí.

El acceso al lugar por tierra era extremadamente difícil, estaba situado al pie de una empinada loma rodeado de una muy intrincada vegetación. Siempre El Donque me resultó un misterio qué siento no haber resuelto cuando pude.

Siguiendo el curso del río en su viaje, que eventualmente lo llevaría a desaparecer hundiéndose en la Cueva del Sumidero, se encontraba a unos 200 metros de El Donque, pero en la otra orilla, un pequeño claro en la vegetación que formaba una diminuta playita, escondida entre los montes. En ese tramo del río, como en la mayoría de su extensión, el acceso por tierra para un caminante normal, como para simples y sencillos exploradores era totalmente imposible. A ese solitario lugar le habían dado el nombre de El Nudismo, por razones obvias, no era necesario llevar traje de baño. Allí era casi imposible llegar por tierra, sólo nadando o en bote.

Nadando, ayudados por la corriente, llegábamos a otro pequeño espacio donde no había árboles ni vegetación en la orilla, otra pequeña playita, a esta le llamaban el Baño de los Médicos, hasta allí sí se podía llegar caminando desde el pueblo, bordeando la orilla. En el camino, siempre se encontraban pescadores, con facilidad sacaban truchas, viajacas y tortugas que les llamaban jicoteas, de vez en cuando sacaban una desagradable y larga morena de agua dulce, una especie de culebra, resbalosa al tacto. Con cualquiera de esas animalitos se hacía una deliciosa y fresca comida, incluyendo para algunos, la morena.

Según contaban los pescadores, que en su casi totalidad eran bien mayores de edad, hacía un largo tiempo desde que los médicos habían dejado de disfrutar de las delicias del río. Hasta hace pocos años, yo pensaba que eran fábulas, que allí nunca había ido ningún médico. Pero era cierto, la doctora Margarita Villaverde, esposa del doctor Albertico González, hace unos años me confirmó que ellos iban a bañarse al río. También en algún momento alguien me comentó, que los hermanos Soto, médicos y dentistas, el doctor Ruíz de Villa y otros, en una época distante también visitaban el río.

Este Cisne fue en Río Cristal, pero la aprendí en la Quintica, desde una plataforma que no se ve en la próxima foto.

Gerardo Chávez García

Pasando este tramo del río, quizás medio kilómetro más abajo, comenzaba una enorme, larga y pronunciada curva, más cerrada en las puntas que una U y que cambiaba la dirección en que fluía el río en casi 360 grados. Poco después de terminar la curva, ya en un cauce casi en línea recta, se encontraba el lugar más turístico del río, llamado La Quíntica. Era una glorieta con techo de zinc, el resto todo de madera, incluyendo el piso que descansaba en pilares metidos en el agua. En aquella época ya a la Quintica había pasado sus mejores años, aún así, a mis ojos, era un lugar encantador.

La Quintica, la foto muestra las aguas del Río a uno de sus más bajos niveles. En épocas de lluvias el nivel del agua se acercaba al piso de la glorieta.

A un costado de la glorieta una estructura, también de madera, que usábamos como trampolín de tres niveles, el nivel más alto tenía pocos usuarios.

Al otro lado de la glorieta, los botes para alquilar, por 40 centavos se podía remar durante todo el día, esta actividad tenía muy pocos adeptos, los botes era muy antiguos, muy pesados, diseñados para llevar cuatro pasajeros sentados, con dos remeros. Remar contra la corriente en uno de aquellos botes era agotador, no ameritaba el placer de regresar flotando, sin esfuerzo alguno, empujado por la suave corriente.

Pasando la Quintica, ya entrando en la parte norte del pueblo, el río tomaba un rumbo casi en línea recta, el equivalente a un par de cuadras más abajo se encontraba la represa, ésta servía para mantener el nivel del río a una altura mínima y más o menos estable, había que mantener un volumen de agua necesario para surtir el acueducto del pueblo.

Pasando la represa, llegábamos al último lugar del río con nombre propio, El Charco del Negrito, lo de charco me imagino que era por la poca profundidad del agua en esa zona, nunca superior a los tres o cuatros pies de profundidad, lo del Negrito nunca supe por que el nombre. Desde esa zona hasta la Cueva del Sumidero, el río corría por dentro del pueblo, su cauce era mucho más estrecho, en la antigüedad se habían edificado estructuras en la misma orilla y agua llegaba hasta las paredes de casas y edificios comerciales e industriales, era algo similar a esas ciudades europeas que tienen canales que las atraviesan, con la gran diferencia que como el nivel de agua era tan bajo no era navegable ni siquiera por pequeños botes.

Durante épocas de fuertes aguaceros, el nivel del agua subía, se acercaba a la altura de los puentes, en la crecida tampoco era el río navegable por la fuerte corriente.

Gerardo Chávez García

Foto de 1929. El Rio atravesando el pueblo por la misma mitad. El puente sobre la calle Maceo.

Alrededor de un año después, dejamos de ir al Soldado, ya todos estábamos graduados de nadadores, ya con 16 o 17 años, pasamos a La Quintica, allí era mucho más cómodo el cambio de ropas, nos podíamos sentar en la sombra de la glorieta, utilizar el trampolín, y hasta un bote de vez en cuando. Allí acudían amigos de mayor edad, el grupo era mucho más grande, a veces habíamos 10 o 12 muchachones en el lugar. Algunos grandes nadadores con aspiraciones de asistir a competencias, no creo que ninguno haya ganado una. Allí aprendí a hacer tiradas desde alturas, y hacer piruetas simples en el aire, no había preocupaciones de que en un fallo técnico pudiera golpearme en el fondo, la profundidad del río era a prueba de errores.

En la Quintica hacíamos todo tipo de competencias entre nosotros. Una muy singular, pasar el río de un lado al otro, caminando por el fondo. No sé a quién del grupo se le ocurrió el desafió, nunca más he sabido de algo similar. En la época de la seca, varios del grupo lo podían hacer. Yo nunca pude, ni cuando el río estaba en su nivel más bajo. Cuando caían unos aguaceros, la profundidad aumentaba considerablemente, ya era sólo Charles, con sus benditos pulmones, el único que lo podía caminar.

Para el que se pregunte como era posible caminar por el fondo de un río, cuando todos sabemos que se flota y por tanto eso no es posible. Para hacerlo posible, y además evitar que alguien nadara por el fondo, y al salir por el otro lado dijera que había sido caminando, era necesario una piedra grande, entre dos llevábamos una piedra hasta la orilla del río, caminábamos con ella hasta que el agua nos daba al cuello, entonces el que iba a hacer la caminata se metía debajo de la piedra agarrándola con una mano por cada lado, con la piedra sobre la cabeza, y los otros ayudando a mantenerla en su lugar, se daban los primeros pasos, hasta que el nivel del agua le llegara casi hasta la boca del caminante, en ese momento se aspiraba todo el aire que cupiera en los pulmones, y se iniciaba la caminata. El peso de la piedra mantenía al caminante en el fondo, a los que se nos acababa el aire, nos salíamos de debajo de la piedra, la soltábamos y nadábamos a la superficie. En mi caso, no era solo que yo no tenía la capacidad pulmonar, era que me resultaba algo desagradable hundirme en el fango del fondo hasta los tobillos, creo que nunca llegue a la mitad del camino. Para Charles ninguna de las dos cosas era un problema. Nunca nadie llevo un reloj para saber con exactitud cuánto tiempo podía Charles estar bajo el agua. Yo recuerdo que al principio, se demoraba tanto en salir que varias veces pensamos que algo le había pasado, que no saldría otra vez a la superficie. Muy pocas veces tuvo que soltar la piedra, cuando no llegaba al otro lado era porque perdía el rumbo, se iba de la línea recta entre una orilla y la otra, pero casi siempre después de lo que lucían como larguísimos minutos, se veía la piedra asomarse en la otra orilla. Una vez que la piedra se asomaba a la superficie había que soltarla, no se podía salir del agua con la piedra sobre la cabeza, no solo por el peso, si no por el agotamiento de los minutos sin respirar. ¡Qué locuras!

Gerardo Chávez García

CAPÍTULO 8

Isla de Pinos

En diciembre de 1956, quizás 1957, solo estoy seguro que fue en el fin de semana del 7 de diciembre, organizamos un viaje, si se le podía llamar "organizar" a la locura de decidir, de un momento a otro irnos a algún lugar. Antonio "El Cuervo" Amaro y Fausto "El Chino" Pestana habían escuchado que ese fin de semana se celebraría un rodeo en Nueva Gerona, Isla de Pinos.

Ambos convencidos que ganarían más de una competencia en dicho rodeo, me invitaron a ir con ellos, no estaban pensando que yo también ganaría algún premio, ellos bien sabían que yo solo había montado unos pencos medio domesticados y que no tenía experiencia alguna en esas competencias. Ellos si habían competido en el Rodeo Nacional de Rancho Boyeros. Yo sabía que al menos Antonio había ganado algunos premios, y que Fausto había competido, aunque creo nunca ganó algo. Con esa experiencia estábamos seguros que sería muy fácil ganar en Nueva Gerona. Por no haber un transporte fácil y económico esperábamos no asistieran los mejores concursantes en el rudo y peligroso deporte.

Llegar a Nueva Gerona no era tan fácil como ir a Rancho Boyeros, había una sola línea aérea, "Aerovias Q", que volaba en un avión de dos propelas. Los vuelos salían desde Columbia, una base militar en la costa norte, al oeste de la ciudad de La Habana. Un vuelo de alrededor de una hora, más lejos que ir de La Habana a Cayo Hueso. A un costo de como $60 ida y vuelta, no era ni siquiera una opción.

Desde el primer momento la opción marítima fue la única que podíamos contemplar, mucho más barata, me parece que eran 5 Pesos en cada dirección.

Por aquellas fechas mi padre me daba 5 Pesos a la semana, era una cantidad muy razonable, al principio yo me puse muy contento, a pesar de la aclaración de que no habrían más picadas frecuentes para ir al cine, a fiestas, etc. Por supuesto, después de unos meses me empecé a quedar corto. Tuve que pedirle hacer ciertos ajustes. En la temporada de gallos me daría la cantina de la valla para que yo la atendiera, las funciones eran martes y domingos, en ambos días trabajaba muchísimo, tuve dos empleados, Andrés "Romania" Robaina y mi primo Héctor "Huevo Triste" Rodríguez. Después de pagar los gastos me quedaba una buena ganancia, pensaba hasta que me podía comprar Chevy de 1949 que un amigo estaba vendiendo, pero nunca pude juntar el dinero, no aprendí a separar un dinerito para los tiempos malos. En esos meses negocie con mi padre una comisión para cobrar las mensualidades a los socios de la Quinta Canaria, aquí me fue mejor, ganaba más en menos tiempo, sin trabajar los domingos, además, la labor era mucho más placentera.

Me volví a ir del tema, debo de regresar al proyecto del viaje a la Isla. La vía marítima, tenía sus inconvenientes, el viaje duraba toda la noche, saliendo al anochecer del puerto de Batabanó, en la costa sur de la provincia, y llegando en la mañana al puerto de Nueva Gerona. Nuestra tarifa no incluía camarote, durmiendo donde y como se pudiera.

También el inconveniente de viajar hasta Batabanó. Debíamos de llegar allí antes del atardecer, ir a las oficinas del barco El Pinero, comprar el boleto lo antes posible, habían otras fiestas en Nueva Gerona, pensábamos que si se reunían demasiados pasajeros, alguno se iba a quedar.

Llegando al mediodía de aquel sábado todavía no teníamos resuelto como llegar a Batabanó, teníamos entre los tres menos de $40, pero eso no era un problema. El viaje hacia allá lo haríamos un poco apretados de dinero, pero con los premios en efectivo que ganarían Antonio y Fausto tendríamos suficiente para pasar un buen par de días en Nueva Gerona y comprar los pasajes de regreso.

Mientras pensábamos en quien nos pudiera llevar hasta el puerto de salida, se nos acercó Berardo "Bero" de la Osa, y nos preguntó que estábamos planeando. Le contamos y le pedimos nos llevara en su carro, pero Bero nos dijo que Batabanó era muy lejos, que tenía que estar de regreso temprano en la tarde (era sábado, la lotería empezaba a las 2:00 PM y ese era su negocio) pero si nos ofreció llevarnos hasta Rincón, uno de los dos pueblos en el camino entre San Antonio y La Habana, allí podíamos tomar el tren que venía de la capital en viaje hacia Batabanó. Como era la única opción y el tiempo se nos iba acortando, decidimos aceptarla.

Bero nos llevó a gran velocidad, la hora a que pasaba el tren estaba cercana, llegamos a Rincón justo a tiempo, nos pareció muy barato el pasaje, algo como unos centavos. Era la primera vez en mi vida que viajaba en tren, y ha resultado también ser la única, estoy casi seguro que en el tiempo que me queda no voy a necesitar volver a utilizar ese medio de transporte otra vez.

El tren llegó puntual a su destino, enseguida averiguamos de donde salía el barco para Isla de Pinos, me parece que no era muy lejos de donde bajamos del tren, fuimos allí caminando, cada uno con su equipaje al hombro, un saco de yute cargado de espuelas, botas, gangarrias, un pantalón y una camisa, no recuerdo que más iba en los sacos, recuerdo lo que no iba, por ejemplo, cepillos de dientes. Los sombreros iban en las cabezas.

Gerardo Chávez García

Decidimos buscar algo que comer, en el barco sería más caro. Preguntamos por alguna fonda que no estuviera muy lejos de allí, no había ninguna. Nos recomendaron ir al hotel del pueblo, a solo unas cuadras del puerto, si pedíamos solo arroz con frijoles nos resultaría muy barato. Hacia allá nos dirigimos sin soltar los equipajes, el hotel estaba muy limpio, mucho mejor que los que conocíamos en San Antonio, las personas en el lobby y en el restaurante muy bien vestidas, casi que temíamos que no nos atendieran y nos pidieran que nos fuéramos, pero no fue así, pedimos y comimos arroz blanco con unos frijoles blancos que no eran los que conocíamos, pero estaban buenos, quizás ya el hambre nos hacía pensar que estaban buenos.

Del hotel salimos hacia el puerto bajo una lluvia fina. Subimos a El Pinero, un barco viejo pero no tan pequeño, he visto en los últimos años varias postales donde aparece su foto, y comparando su tamaño con las personas y cosas que están a su lado, me luce como que tendría no menos de 100 pies de eslora.

La lluvia arreciaba, ya había algún viento y El Pinero se balanceaba antes de salir del puerto. El Pinero daba viajes diarios, creo que siempre durante la noche y madrugada, una noche en una dirección y la siguiente en dirección contraria.

Ya con la oscuridad de la noche zarpó el barco, una brisa bastante fría nos recibió al salir del puerto, la lluvia arreciaba. Comenzábamos a buscar un lugar abrigado donde pasar la noche, el bar cerraba a media noche, estaba en la misma popa del barco, bajo techo pero abierto, sin paredes, no representaba una gran protección contra el frío y la lluvia fina que llevaban las ráfagas de viento hasta el mismo bar. Decidimos hacer una inversión de 40 centavos en un trago de ron para calentarnos, fue una ayuda, al abrigo que teníamos era de tela de mezclilla azul, que no era suficiente. Estábamos discutiendo cuanto esperar para tomarnos otro trago de ron, cuando el cantinero nos anunció que por las condiciones del tiempo tenía que cerrar el bar a las 10 PM.

El Pinero. Embarcación en la que fui por primera vez a Isla de Pinos.

Nota: *(12/23/14, 5:15 PM Acabo de buscar información de El Pinero en Google, dice que se fabricó de acero como barco de guerra, después de un incendio, los dueños lo convirtieron en barco de carga y pasajeros. Me fui muy corto, dice Google que tenía 51 metros, que son más de 160 pies, muestran una foto que nunca había visto).*

Conversábamos sentados en unas banquetas en el bar, llegaba de vez en cuando un pasajero a pedir algo, algunos sabían que había un rodeo anunciado durante las fiestas. Llegó una muchacha joven, a comprar dos Coca-Colas para llevar al camarote donde estaba su madre, ellas vivían en Nueva Gerona, me dijo que su padre era el capitán de la Guardia Rural en Isla de Pinos, alguien a quien siempre era bueno conocer.

La muchacha y yo conversamos por un rato, me dijo nunca había ido al rodeo, pero que con seguridad a este si iría, esto me dio una ligera indicación de que no le había caído muy mal. Me dijo llamarse Amarilis Pino, sé que en aquel momento me pareció bonita, pero en este momento si me enseñan una foto de ella tomada en aquellos días, no podría identificarla. No recuerdo nada de su cara, esto es raro en mí, siempre he recordado caras con facilidad y olvidado nombres con más facilidad aun. En este caso ha sido al revés, creo que se por qué. Amarilis se fue con sus Coca-Colas, no sin antes ambos comentar que posiblemente nos veríamos al día siguiente en el rodeo.

Mientras esperábamos por la hora en que cerraran el bar, Antonio comenzó a pensar en un lugar donde dormir. Insistía en que él podía pasar la noche metido dentro de un enorme barril de madera, el barril boca abajo servía como una típica mesa rustica en un rincón del bar, Antonio puso la mesa de costado, sacó de su saco de yute la soga de montar toros, con ella amarro el barril a una columna de madera que servía de soporte al piso superior, se metió dentro del barril, le quedaban las piernas fuera del barril de la rodilla hacia abajo. A mi me parecía que dormir dentro del barril era imposible, pero el insistía en que estaba cómodo.

Llego la hora de cerrar el bar y tomar el segundo y último ron de la noche. El cantinero después de servirnos el ron nos sugirió donde pasar la noche. Fue en unos bancos no muy cómodos, pero en un lugar abrigado dentro del barco. Antonio dijo que se quedaba en el barril, allí lo dejamos. Amaneció en los bancos junto a nosotros, nunca supe cuánto tiempo aguantó dentro del barril.

Con el amanecer, bajo la lluvia, entraba El Pinero a su atracadero en el río. Un fuerte aguacero no parecía tener intenciones de parar, bajo la lluvia bajamos y caminamos, por la calle fangosa, me parece que fueron unas tres o cuatro cuadras hasta llegar el Parque Central de Nueva Gerona. Me había imaginado a Nueva Gerona como un pueblo mucho más grande, la capital del único municipio-isla de la Republica, tenía que ser más grande que San Antonio, pero en realidad no era más que un pueblito antiguo, en aquella fecha, ya sus mejores años habían pasado. Quizás Nueva Gerona seria también el único municipio de la Republica que había ido hacia atrás en los últimos 20 años.

Memorias de Abuelo

La Enmienda Platt, firmada en 1903 le exigía al gobierno de Cuba, entre otras cosas no conectadas a Isla de Pinos, que dejara de reclamar Isla de Pinos como parte del país. Una vez en funciones la enmienda Platt, se mudaron allí colonizadores norteamericanos, que con sus inversiones en fincas y negocios levantaron la economía de la Isla por encima de todos los otros municipios de la Republica, quizás con la única excepción de Guantánamo, que aproximadamente por la misma fecha había firmado un contrato de arrendamiento para la Base Naval de los Estados Unidos, por tanto también aquella zona también tuvo grandes beneficios económicos.

Después de muchos años de lucha, los cubanos pudieron al fin quitarse la Enmienda Platt en 1934. Inmediatamente después comenzaron a marcharse los norteamericanos que vivían en la Isla, abandonado sus negocios y viviendas, Nueva Gerona perdía su poderío económico, se perdieron cientos de trabajos y negocios, se convirtió en un pueblo soñoliento, si no fantasma.

El parque era algo más chico que el tamaño de una manzana de cualquier pueblo, cementado en gran parte, una glorieta pequeña de las típicas de estos parques en el centro de los pueblos. Estas glorietas se suponían que se usaran para que unos cuantos músicos dieran su recital, nunca vi uno. Algunos árboles medianos en áreas no cementadas.

En las calles que rodeaban al parque estaba la iglesia, el cuartel de la Guardia Rural, y me parece que el correo. No recuerdo que otras entidades gubernamentales también tenían allí sus oficinas. Una de las calles que pasaban por un lado del parque era la calle principal. Afortunadamente, si recuerdo bien, todos o casi todos los comercios estaban en edificios antiguos, bastante bien mantenidos, con amplios portales por donde se podía caminar la cuadra entera sin mojarse con la lluvia, que no terminaba de caer.

Uno o dos de nosotros entramos en un comercio, el otro se quedó afuera cuidando el equipaje. Preguntamos donde se iba a realizar el rodeo. Enseguida nos indicaron como llegar allí, muy cerca, todo estaba cerca en la capital de Isla de Pinos. Pero la noticia mala fue que con seguridad tendrían que suspender el rodeo. En los terrenos donde se realizaba el espectáculo, con la mitad de la lluvia caída se estancaban varias pulgadas de agua. El drenaje era muy lento y casi siempre tomaban varios días en secarse completamente, nos dijeron que sabían con certeza que solo con la lluvia de la noche anterior, ya no se podía ni caminar en los terrenos donde se celebraba el rodeo. ¡Que noticia! ¿Ahora qué? ¿Cómo íbamos a regresar a San Antonio? Sin participar en el rodeo, y ganar los premios que estábamos seguros ganarían, no había dinero para el pasaje de regreso, o para comer, habría que escoger cuál de las dos cosas hacer.

Decidimos sentarnos en el escalón de un portal, recostados a una pared, discutiendo las alternativas. Pasaba el tiempo y seguía la lluvia, ya hacía unas dos horas que estábamos allí y no cesaba la lluvia. En dos o tres horas era la hora programada para comenzar el rodeo.

Nos acercamos e iniciamos una conversación con un hombre de mediana edad que estaba recostado a la puerta de la entrada de una pequeña farmacia, no había nadie dentro de la farmacia, y nadie en los portales. El hombre parecía disgustado por la falta de clientes, aunque fue muy atento con nosotros. Le preguntamos por el rodeo, y nos dijo con mucha seriedad que el rodeo estaba suspendido, seguía lloviendo, pero ya no importaba, ahora lo importante era investigar como regresar lo más pronto posible.

Teníamos el dinero casi estricto para comprar el pasaje de regreso en El Pinero, pero había que esperar a la noche. Había que ir comiendo algo mientras tanto, y si comíamos no había dinero para el pasaje, sin contar que nos gustaría desayunar al llegar a Batabanó, había que pagar el pasaje del tren, y el de la guagua de Rincón a San Antonio.

Aquí comienza un recuerdo nebuloso, creo que el nuevo amigo, el dueño de la farmacia, cuando le dijimos que no teníamos todo el dinero para regresar nos preguntó si conocíamos a alguien en Nueva Gerona, le contestamos que no, que solamente habíamos conocido durante el viaje a Amarilis Pino, que ella me había hablado de su padre, pero que yo ni siquiera conocía a su madre, solo sabía que había viajado en El Pinero con ella.

Memorias de Abuelo

De alguna forma se hizo una comunicación entre nosotros y la familia Pino, probablemente Amarilis comentó a su madre y ésta a su esposo que había conocido a unos tipos que pensaban ganar los premios del rodeo.

Quizás el Capitán, que vivía a solo dos cuadras de la farmacia, que estaba en el camino de su casa al Cuartel nos vio sentados en el portal de la farmacia y entró, o llamó al farmacéutico para preguntarle si todo estaba bien.

No sé cómo fue, no lo recuerdo, pero el Capitán o Amarilis nos invitaron a ir a almorzar a su casa. Quién nos iba a decir que terminaríamos por almorzar ese día en casa del Capitán de la Guardia Rural de Isla de Pinos, nombramiento de mucha importancia en cualquier pueblo de Cuba. ¡Tuvimos una gran suerte!

Durante el almuerzo, el Capitán, con mucho disimulo nos interrogo bastante sobre nuestras vidas. Al decirle el Chino su apellido y donde vivía, el Capitán se dio cuenta que él era amigo de su padre, también llamado Fausto (Fausto, el padre, 15 años después yo le di trabajo en mi agencia de seguros en Miami, por un breve tiempo, Fausto renunció al convencerse que por su edad no podía hacer el trabajo) y eso fue otra gran suerte, el Capitán llamo a Fausto en La Habana, le contó que Faustico y sus amigos estaban en su casa, y le dio detalles de la situación en que estábamos, Fausto le pidió al Capitán que nos diera el dinero que necesitásemos para que regresáramos en avión, por Aerovías Q, él nos estaría esperando en el aeropuerto de Columbia, en Marianao, que era donde aterrizaba el vuelo de Nueva Gerona.

El Capitán nos dio el dinero y fuimos corriendo a la oficina de las Aerolíneas Q, compramos los pasajes, y alguien, no me acuerdo quien, nos llevó al aeropuerto.

Para terminar esta historia sin dejar nada en el aire, debo aclarar que me acuerdo del nombre y apellido de Amarilis, y no de su cara, porque más nunca la volví a ver. ¿Y cómo es que me acuerdo del nombre que es lo que usualmente se me olvida? Muy sencillo, el nombre si lo seguí escuchando por unas semanas, la operadora de la

Gerardo Chávez García

Compañía de Teléfonos llamaba a mi casa en San Antonio y anunciaba: "Una llamada de persona a persona, a Gerardo de Amarilis Pino desde Nueva Gerona". Además, el nombre Amarilis no lo había oído nunca, ni antes ni después, y el apellido, por supuesto me recordaba mi primer viaje a la Isla. Conversamos varias veces, siempre preguntándome cuando regresaría a la Isla, no recuerdo otros temas específicos, si estoy seguro que nunca la llamé a ella, mi tío Félix me hubiera matado por el gasto de la llamada de larga distancia. Me imagino que Amarilis se aburrió, después de un tiempo no supe otra vez de ella.

Aproximadamente dos o tres años después, regrese a Isla de Pinos, esta vez fue con un grupo grande de amigos, más organizadamente. El viaje lo hicimos en el ferry "Isla del Tesoro", mucho más moderno que "El Pinero", hasta llevamos dos o tres automóviles con nosotros para movernos en la Isla.

Memorias de Abuelo

Piscina del Hotel Santa Fe, en mi segundo viaje a Isla de Pinos. Hace solo un par de años que compre la tarjeta postal que se ve en la foto. Donde yo estuve parado sembraron una palma.

Gerardo Chávez García

CAPÍTULO 9

Viajes con mi abuelo

Entre mis más preciados recuerdos, y aquellos que les pueden interesar a mis posibles lectores, están mis viajes con mi abuelo Vicente, para los que no tuvieron la suerte de conocerlo, estas pequeñas narraciones les darán una oportunidad de saber algo sobre él.

Tuve la gran suerte de que cuando ya él no podía manejar, era yo, por mi edad, el que más disponible estaba para llevarlo a donde él quisiera ir. Entre los 18 y 19 años, lo llevaba con bastante frecuencia a La Habana, de vez en cuando a él se le antojaba ir a algún lugar fuera de la rutina. Recuerdo viajes tan cercanos como la finca de su amigo Toraño, a sólo 5 o 6 kilómetros de San Antonio, y otros no tan cerca como Bahía Honda. Los viajes frecuentes casi siempre eran de no más de tres o cuatro horas, y casi siempre incluían un buen almuerzo.

A la playa de Baracoa fuimos varias veces, no a bañarnos en el mar, casi que el único motivo era ir a almorzar a un restaurante llamado

Gerardo Chávez García

"Las Delicias", era un edificio de dos pisos, muy bien mantenido pintado de verde claro, me parece estar mirándolo, localizado en la bifurcación de la carretera que daba entradas a las playas de Barbacoa, y Habana. Era un hotel modesto, en el segundo piso las habitaciones, en la planta baja un bar y el comedor, todo sin aire acondicionado, pero siempre encontramos allí una fresca brisa salina que atravesaba el comedor. En cada ocasión comíamos lo mismo, langostas enchiladas, eran absolutamente deliciosas. Carmelo, el dueño del restaurante, siempre se mostraba muy afectuoso y atento con él. Después del apetitoso y abundante almuerzo, encendía un tabaco con placer, deleitándose con grandes bocanadas del aromático humo.

Más tarde un paseo hasta el final de la playa Baracoa, luego entrábamos a playa Habana, hasta el final donde se encontraba el hotel Hollywood, allí también almorzamos alguna vez. Rara vez parábamos unos minutos en algún lugar, él tenía poca paciencia, era inquieto. Yo llegué a pensar que abuelito disfrutaba más el viaje, que llegar al lugar donde quería ir. Con frecuencia a los 15 minutos de estar en un lugar, después de haber viajado dos o tres horas para llegar, ya estaba listo para irse.

Mi abuelo no me avisaba con anticipación sobre sus intenciones de algún viaje, simplemente me despertaba halándome por los pies, mientras me decía: "Levántate carajo" y continuaba diciéndome el lugar a donde quería ir. Creo que era inspiración de última hora, de momento se le ocurría ir a algún lugar, y no esperaba para luego. Sólo para viajes largos me avisaba el día antes, quería estar seguro que el carro, un Ford verde del año 1959, tuviera el tanque de gasolina lleno, aire en las gomas, y quizás un cambio de aceite.

De cada viaje aprendía algo más sobre mi abuelo, sobre todo aprendí a admirar su inteligencia natural. Siempre supe que había sido un trabajador incansable, pensaba que había hecho su fortuna a fuerza de trabajo, pero no, con el tiempo me di cuenta que además de trabajo fuerte tenía la inteligencia necesaria, y no temía tomar riesgos. Con frecuencia me sorprendía su habilidad para entender y resolver problemas, la rapidez con que llegaba a conclusiones que a mi no me pasaba por la mente.

Una tarde me avisó que no debía trasnochar, debía acostarme temprano teníamos que salir temprano, no recuerdo exactamente a dónde, quizás Varadero, o Cárdenas, por esa zona era, no recuerdo nada específico, un paseo más largo que de costumbre, con un buen desayuno y almuerzo en el camino. En ocasiones me decía de ir a un lugar, y después de un par de horas de camino decidía desviarse a otro.

Si recuerdo vívidamente que cuando estábamos atravesando un pueblo, no estoy seguro cual, me dijo que debíamos buscar un lugar donde desayunar. La Carretera Central atravesaba el pueblo, a ambos lados vimos comercios, pequeñas cafeterías y restaurantes, ninguno le llamaba la atención. Ya casi al salir del pueblo, en el lado derecho vimos un restaurante, con varios anchos portones, abiertos, dejando ver un salón grande con muchas mesas. Allí decidió que íbamos a desayunar, parece que tenía un sexto sentido para adivinar los lugares que servían buena comida.

Ya con su tabaco encendido reanudamos el viaje, me parece que a tres o cuatro kilómetros de la salida del pueblo, comencé a sentir un fallo en el carro, yo había llenado el tanque de gasolina, todo estaba bien, pero el motor seguía fallando, me fui arrimando a la cuneta hasta que el motor paró de funcionar, pude parar ya fuera de la carretera. Entre los dos nos preguntamos que podía estar pasando, ni él ni yo teníamos nociones de mecánica, teníamos que buscar ayuda, me paré en la hierba detrás del carro, preparándome para hacer señales a alguien que pasara. Tuvimos mucha suerte, en menos de un minuto un carro disminuía su velocidad, se detuvo delante de nosotros, un hombre se bajó y nos preguntó que nos sucedía. Me dijo que teníamos mucha suerte, él era mecánico.

Me pidió que tratara de arrancar el motor, por supuesto no pude. Me pidió que abriera el capó, metió la cabeza en todos los rincones alrededor de motor, tocaba aquí y allá, hasta que dio su diagnóstico, era la bomba de gasolina la del problema. Le pregunté que como se resolvía la situación, me respondió que nada se podía hacer allí, que había que sacar la bomba, llevarla a Varadero para repararla o comprar una nueva, no recuerdo cuál de las dos cosas. Le preguntamos el tiempo que se demoraría en regresar, serían como unas tres horas.

Gerardo Chávez García

Abuelito lo pensó por un momento, y me dijo que como no teníamos otras opciones, con evidente y resignado disgusto le dijo que sacara la bomba.

No podíamos esperar dentro del carro por el calor, en aquel tramo de carretera sólo habían potreros a ambos lados, no abundaba la sombra, una media cuadra más adelante había un pequeño arbolito, su pequeña sombra nos podía dar un alivio mientras esperábamos.

Ya habían pasado más de dos horas, yo estaba pensando sin decirlo, que quizás el mecánico no regresaría, que quizás sería una buena idea pedirle a alguien que nos llevara al pueblo más cercano para allí buscar ayuda. Abuelito también pensaba más de lo que hablaba, sólo hacía repetidamente el mismo comentario, que no tenía nada que ver con mecánica, su pregunta era por qué un carro recién comprado se le rompía una pieza tan vital como esa.

Me puse de lo más contento, allá en la distancia me parecía ver el carro del mecánico, efectivamente, así fue. Se bajó con una pieza, que a mis ojos, lucía similar a la que se había llevado, muy limpia, brillosa, no recuerdo si dijo que la pieza era nueva o que la habían podido arreglar, tampoco recuerdo exactamente cuánto pidió por el arreglo, tengo idea que fueron unos 20 pesos.

Yo estaba de lo más contento, se había resuelto problema, Abuelito no estaba contento, me imagino que en aquella época nadie estaba contento después de pagar 20 pesos por un arreglo en un carro nuevo. Me dio el dinero y yo le pagué al mecánico, le di las gracias agradeciéndole el habernos resuelto problema.

Arrancamos el carro para continuar el viaje, cuando habían transcurrido unos 10 minutos en silencio, Abuelito me dijo: Nos han robado, algo le hizo el mecánico al carro cuando paramos a desayunar. Yo le discutí que si le hubieran hecho algo el carro no hubiera arrancado después del desayuno. No pude convencerlo, seguía molesto.

No recuerdo si llegamos a donde él quería ir, pero si estoy seguro que almorzamos en algún lugar, el almuerzo era algo vital para él, creo que de esos genes si heredé bastantes. En resumen, hasta esa fecha, era el único viaje, con Abuelito que no había salido a la medida de nuestros deseos.

No todos los viajes fueron de paseo o entretenimiento, recuerdo un viaje de negocios, deduzco que este viaje debió haber sido a mediados de 1960, me dijo que tenía que ir a Güira de Melena, un pueblito a unos 10 kilómetros de distancia, allí iríamos al Banco Garrigó. Me sorprendió el objetivo del viaje, en San Antonio había una oficina del Banco Garrigó a dos cuadras de la casa, pero por discreción no le pregunté por qué prefería la oficina de Güira.

Durante el viaje lo noté con cierta preocupación, de pronto me dijo que iba a solicitar un préstamo para financiar la próxima cosecha. Ahora íbamos dos preocupados en el carro, yo había escuchado que las dos últimas cosechas se habían vendido a muy buenos precios, sobre todo la última, ¿Por qué un préstamo? Yo sabía que había hecho muy buenos regalos cuando vendió las últimas cosechas, por ejemplo a mi madre le regaló un anillo de brillantes, que en aquella época costó algunos cientos de pesos, ¿Qué podía haber pasado?

Sin preguntarle, Abuelito me dio las respuestas durante el viaje. No le gustaba como iban marchando las cosas de la revolución, parece que después del primer año de revolución se había convencido que aunque "los papeles estuvieran bien arreglaos", no importaría, todo se perdería, robado por los sucios y asquerosos barbudos. Consideraba que era mejor guardar su dinero y hacer la cosecha con el dinero del banco. Pedir el préstamo en San Antonio tenía el riesgo que se enteraran demasiadas personas en el pueblo. En aquel momento me pareció una idea genial.

No sé cuál fue el final de aquella gestión, tal vez a mi tío Félix no le gustó la idea, o no la encontró apropiada, si fue así, con seguridad no se realizó la transacción, él tenía una gran influencia sobre todas las decisiones a tomar, por ser el que administraba todos los negocios, su decisión era final. Un año antes, según me enteré muchos años después, tío Félix tomó una decisión de la que estoy seguro se arrepentiría por el resto de su vida. En aquel momento no me enteré de nada, pero según he escuchado años después, cuando se vendió la cosecha de 1959, la compañía de tabacos Trelles de Tampa, que era la que compraba el tabaco que se producía en las fincas de mi abuelo, llamó o le mandó un mensaje. Mr. Trelles estaba listo para viajar a Cuba, como lo hacía todos los años, a llevar los cheques de pagos por las cosechas que había comprado. Mr. Trelles le recomendaba dejar el pago de la cosecha en un banco en los Estados Unidos, que si necesitaba una cantidad para la próxima cosecha, él la podía llevar a Cuba y que dejara el resto del dinero en Estados Unidos. Tengo entendido que el importe de la cosecha era más de $200,000, comparando esa cantidad al valor del dinero de hoy en el 2015, sería el equivalente a unos 6 millones de dólares. También tengo entendido que mis otros tíos, tanto como mi abuelo favorecían la opción de dejar parte o todo el dinero en un banco en Estados Unidos, pero todos aceptaron la decisión de tío Félix.

La decisión final de tío Félix fue mandar todo el dinero para Cuba, al fin y al cabo en la familia no había políticos, habían hecho su fortuna honradamente, su único negocio había sido la siembra y cosecha del tabaco, no había ninguna excusa para que la revolución le quitara todos sus bienes.

Quizás aquel viaje a Güira de Melena fue el último que hice con Abuelito, exceptuando quizás algunos posteriores a La Habana. Si tengo impactantes recuerdos de un viaje anterior, estoy seguro que fue en los primeros meses de 1959, en la época de los fusilamientos diarios. Si recuerdo bien, fue el viaje de más larga duración, unos dos o tres días, el destino era Cabaiguan, al este del centro de la isla, al pie de la parte norte de El Escambray, justo antes de llegar a la provincia de Camagüey. El motivo era visitar a su hermana Encarnación. Hacía ya unos años que no la veía, recuerdo que cuando Encarnación llegó de Canarias estuvo una pequeña temporada con nosotros en San Antonio, en esa fecha yo era todavía muy pequeño, y sólo recuerdo su imagen, una ancianita de aspecto frágil, delgada, bajita, con la piel de la cara muy arrugada, siempre vestida igual, me imagino que todos sus vestidos eran iguales, creo que tenía algo que ver con luto por la pérdida de algún familiar. En Canarias se guardaban largos años de luto, en ocasiones era luto de por vida, no estoy seguro pero creo que después de usar ropa negra por luto, se pasaba a otro color, en este caso carmelita.

Salimos antes del amanecer, llegamos a Cabaiguan sin dificultades, probablemente sería al atardecer, quizás temprano en la noche. Nos dirigimos al único hotel del pueblo, el Hotel Sevilla, no es que recuerde el nombre, es que lo busqué recientemente en la guía telefónica de las provincias de 1958. Mientras hacíamos los trámites para obtener una habitación, comenzamos a preguntar sobre cómo llegar a donde vivía Encarnación, llevábamos su nombre, el de su hijo, y el nombre de un camino rural por donde se subía a la primera loma. Nos recomendaron esperar a la mañana siguiente para preguntarles a los taxistas, la persona que nos atendió ni siquiera sabía dónde empezaba dicho camino.

En efecto en la mañana temprano, al amanecer, ya habían varios taxistas frente al hotel, cuando hablamos con el primer taxista nos dijo que con su automóvil él no podía llegar arriba, nos recomendó a otro que conocía los alrededores de las montañas del Escambray por esa zona, y que además tenía un tipo de Jeep, de tracción en las cuatro ruedas que era imprescindible en un vehículo para poder adentrarse en el lomerío. Fuimos a hablar con el recomendado, nos dio la seguridad de que él podía encontrar donde vivía Encarnación, pero tendría que ser después almuerzo, tenía que hacer una pequeña reparación en el Jeep. No me gustó mucho la noticia de la reparación, pero no había otras alternativas donde escoger.

Cuando yo me empezaba a lamentar de que íbamos a perder 4 o 5 horas de la mañana, Abuelito me dio la noticia que él tenía otra visita que hacer, él la había planeado para el día siguiente, pero como se presentaron las cosas, la haríamos en aquel momento.

Él tenía la dirección de un amigo, recuerdo sólo el apellido, Taño, era muy conocido en el pueblo, también cosechero de tabaco, de una variedad diferente al que se sembraba bajo tela a la que estábamos acostumbrados, también se curaba el tabaco al tiempo, no con calor artificial como lo hacíamos nosotros. Era tabaco de consumo nacional, no de exportación como el nuestro.

Llegamos a casa de Taño en breves minutos, vivía muy cerca del hotel. Taño no esperaba la visita, me lució un poco desorientado, le costó un poco de trabajo reconocer a mi abuelo, hacía muchos años que no se veían. Para mi abuelo fue fácil reconocerlo, sabía a quién iba a ver en aquella casa. En cuanto cruzaron las primeras palabras me di cuenta que Taño estaba tan sordo como mi abuelo. A veces uno decía una cosa, y el otro respondía algo que no tenía nada que ver con lo que había dicho el primero. Eso no me sorprendía, mi abuelo no le gustaba aceptar su sordera, y cuando no oía, sin estar seguro de lo que estaban diciendo, decía: Sí, sí.

Al rato de estar conversando, tocaron un tema que todavía me hace reír. Ambos eran amigos de Pedro Valdés, un agricultor adinerado que vivía en San Antonio. Taño, preocupado por las noticias de los fusilamientos y las llamadas intervenciones que en realidad no eran más que confiscaciones de propiedades, se interesaba en saber de Pedro, y el siguiente es el diálogo exacto que recuerdo.

Taño:

--¿Cómo está Pedro?

Mi abuelo:

--¿Pedro Valdés?

Taño:

--Sí. ¿Lo intervinieron?

Mi abuelo:

--Si, está teniendo algunos problemas de salud.

Taño:

--Ah, lo fusilaron

Mi abuelo:

--Sí, sí.

Yo muerto de la risa deje a Pedro "fusilado". Cuando hice el cuento en San Antonio, me criticaron por no haber aclarado la situación, pero cuando se encasquillaban no era fácil hacerlos entenderse uno al otro. Así y todo, con las dificultades en la comunicación, nos fuimos a visitar la vega de Taño, mientras llegaba la hora de retornar al hotel.

Regresamos al hotel, almorzamos y salimos a encontrarnos con el taxista que ya nos estaba esperando. Emprendimos el viaje, en unos 15 o 20 minutos nos desviamos a un camino de tierra, que poco a poco iba subiendo por la ladera de una montaña, durante el camino nos encontrábamos bohíos, yo quería parar y preguntar por Encarnación en alguna de aquellas viviendas, pero el taxista siempre me respondía que él conocía los que vivían allí y no había ninguna Encarnación, según él tenía que ser mucho más arriba. Un GPS, Google o un teléfono celular nos hubieran facilitado las cosas, y darnos alguna tranquilidad, pero los inventores de esos trastes no habían nacido todavía.

El camino no estaba malo por la primera media hora o algo así, veíamos bohíos relativamente cerca uno del otro, pero según íbamos avanzando, se iban alejando entre sí los bohíos, unas veces íbamos subiendo y otras bajando, antes de volver a subir. El camino se hacía cada vez más difícil, era más rudimentario, y a consecuencia de un reciente ciclón, había árboles y palmas, muchísimas palmas acostadas sobre la tierra, muchas atravesadas en el camino, esto era una indicación que no había muchos más habitantes de aquel punto hacia arriba, nadie se había ocupado de quitar las obstrucciones del camino.

El taxista seguía con mucha confianza, nos decía que teníamos que estar llegando, según él estábamos cerca de un punto en que ya no vivía más nadie más arriba. Al fin paró en lo que era el típico patio de un bohío, muy limpio de hierbas, en tierra lisa, como acabado de barrer con el clásico racimo de palmiche seco. Allí se bajó él, se acercó a la puerta que por supuesto estaba abierta, para que las gallinas entraran o salieran, costumbre que no era rara. Sin entrar en la casa entabló una breve conversación con una señora mayor, que de acuerdo a lo que luego nos dijo, le había dicho que no había viviendas más arriba de ese punto, era obvio, el camino se podía decir que terminaba allí, más allá la vegetación se veía más tupida, casi impenetrable.

Gerardo Chávez García

La buena noticia fue que la señora sabía que más abajo, desviándose del camino, por un trillo con marcas de ruedas de carretas, al final encontraríamos el bohío que tan ansiosamente buscábamos, allí vivía una Encarnación, tenía que ser ella, cuantas Encarnaciones podían vivir en un lugar tan despoblado.

Ya yo me sentía como que la habíamos encontrado, notaba a Abuelito visiblemente emocionado, no se habían visto desde que ella estuvo aquella temporada con nosotros, me parece que se escribieron una carta o dos en varios años. Yo pensaba que si mi abuelo estaba entusiasmado por ver a la hermana, Encarnación daría saltos de júbilo.

Muy despacio avanzamos por el trillo de la carreta, a los pocos minutos divisamos el bohío, más grande de lo que yo anticipaba, cuando nos acercamos más vimos una muchachería jugando en el patio, una niña nos vio y enseguida corrió a avisar que tenían visitas. Llegando nosotros al patio salía un hombre caminando lentamente hacia nosotros, sería el hijo de Encarnación, le seguía la que asumí era la esposa. El taxista acercó el Jeep y le preguntó al hombre si allí vivía Encarnación. La respuesta fue brutal, no recuerdo las palabras exactas, pero fue algo como: Si, vivía, hace una semana que murió.

Enseguida preguntó que quienes éramos nosotros, le explique, nos pidió que nos bajáramos. Abuelito no sabía lo que estaba pasando, él todavía no tenía la certeza si aquel era el bohío donde vivía Encarnación. Cuando le di la noticia cerró los ojos y apretó los labios con una mueca de dolor, enmudeció. Yo no sabía que hacer, me empecé a preocupar, él era diabético, estaba seguro que se había inyectado la insulina en la mañana, pero siempre oía decir que las emociones podían causar grandes problemas al diabético. Le dije que nos insistían en que nos bajáramos, pero se negó. Me decía, mientras luchaba con lágrimas, que se sentía mal y lo que quería era regresar al hotel. La familia insistía, yo pensaba que era muy rudo de nuestra parte no bajarnos, pero Abuelito seguía negándose e insistía en regresar. Les dije que lo que me estaba pidiendo era un vaso de agua, se lo trajeron de inmediato.

Le expliqué al matrimonio lo mejor que pude que mi abuelo se sentía muy débil, que necesitaba hacerse una prueba de azúcar y quizás inyectarse, y cuando se me acabaron las explicaciones, le dije lo mucho que lo sentía pero teníamos que irnos, que la noticia lo había afectado mucho, era sumamente embarazosa la situación, nadie conocía a nadie, tantas ilusiones y lo que recibió fue una devastadora noticia.

El viaje de regreso fue en total silencio, yo no tenía palabras, nunca las he tenido para estas situaciones. Llegamos al hotel, ya antes de llegar le había pagado al taxista, no quería perder tiempo para hacerse su prueba de azúcar, lo acompañe a la habitación, hizo su prueba de orine y me dijo que todo estaba bien, que ya necesitaba comer algo, después de hacerlo se sintió mejor, pero se le notaba una gran tristeza, empecé a sospechar que se estaba culpando por no haber ido antes a verla. Al regresar a San Antonio me enteré que hacía dos o tres semanas que estaba diciendo que quería ir, al parecer lo habían convencido a que esperara por un chofer más experimentado que yo, y como no apareció, él decidió que lo llevara yo.

Esa noche antes de acostarme, salí a la acera frente al Hotel, el taxista se me acercó, me preguntó cómo seguía mi abuelo, me contó que la señora que nos indicó el camino, le había preguntado si la que buscábamos era la familia de la señora que había fallecido unos días antes, que prefirió callarse, quedaba la posibilidad que no fuera, y era una noticia muy dura para darla sin estar seguro.

A la mañana siguiente, debíamos regresar a San Antonio, Abuelito seguía muy callado, con el rostro sombrío, yo seguía sin palabras, decidí tratar de entretenerlo, mientras metía las maletas en el carro, le pregunte si había estado alguna vez en Trinidad (la ciudad más antigua de Cuba) me dijo que no, le dije que podíamos regresar pasando por allí, sin ningún embullo aceptó la idea.

En Trinidad no nos bajamos del carro, llegamos al parque dimos unas vueltas por sus calles de piedra y me dijo que no le gustaba ese pueblo viejo. Tomamos rumbo a Cienfuegos, la carretera pasaba por el borde sur de El Escambray, unos paisajes muy bonitos, pero él no estaba con los ánimos de disfrutarlos.

TRINIDAD. PARTE CENTRICA DE LA CIUDAD.
Es el sector moderno de la ciudad; aquí se ve el parque Céspedes, el Ayuntamiento; y al fondo, siempre coronando toda vista de la ciudad, la cordillera de montañas. A cortas distancias se hallan la Zona Fiscal, el Correos, sociedades, cafés, el teatro, etc. Aún en el centro, las calles son de "chinas pelonas".

Tarjeta Postal

Campanario de la Iglesia de Trinidad, al fondo se observan las primeras elevaciones del Escambray.

Memorias de Abuelo

En cuanto tomamos la carretera enseguida aparecieron letreros avisando que en una próxima bifurcación, hacia la derecha estaba la carretera que Topes de Collantes.

Era una loma muy empinada, en la misma cima, Batista había construido un impresionante hospital para tuberculosos, era el clima ideal, por la altura nunca había calor sofocante, en invierno era más frío que el resto de la isla. Yo había escuchado que precisamente por el clima, era el único lugar de Cuba en donde se podía comer una fruta recién arrancada de un árbol de melocotón.

CARRETERA A TOPES DE COLLANTES, CURVA DEL MUERTO
Para visitar el Sanatorio en Topes de Collantes, hay que cruzar una carretera de una longitud de 22 klm. abierta en mitad de las montañas y con pasos en los cuales se contemplan los más bellos panoramas, como los de Manacal, Camarones, Quemado Feo, La Vigía, etc. En éste, al borde del precipicio, se encontraron varios restos humanos.

Tarjeta postal

Abuelito era admirador de Batista, lo calificaba de "patriota y gobernante", muchas veces lo oí decir eso. No era batistiano de hacer política, era batistiano de convencimiento. Apoyándome en que el hospital era obra de Batista, pensé que le gustaría verlo, pero nada le entretenía, no le interesaba. Como no me dijo rotundamente que no, al llegar a la bifurcación tome la senda de la derecha, una carretera estrecha de una vía en cada dirección, pensaba que Abuelito estaba tan ensimismado en sus pensamientos que no se daría cuenta hasta que estuviéramos llegando arriba, pero estuve equivocado, enseguida protestó, no quería seguir, quería que virara, y yo hubiera querido complacer, pero le cogí miedo a dar la vuelta, las cunetas a ambos lados de la carretera eran muy profundas, casi unos barrancos. Él estuvo de acuerdo en que era más seguro llegar arriba. Llegamos, dimos una vuelta alrededor del edificio, que en realidad era impresionante, y más impresionante aún era el paisaje a todo su alrededor, él lo miraba todo con indiferencia.

Tarjeta postal.
Vista del Sanatorio Topes de Collantes para enfermos de tuberculosis.
Fabricado e inaugurado durante el gobierno de Fulgencio Batista.

Por supuesto no nos bajamos del carro, loma abajo y en dirección a Cienfuegos, el único seco comentario que hizo fue que me apurara, ya estaba sintiendo necesidad de comer algo.

Almorzamos en Cienfuegos, un restaurante que tenía su salón de mesas en una glorieta, sobre la bahía, me hacía recordar a la Quintica, la diferencia era que esta estaba en mucho mejores condiciones, limpio y brilloso el piso, paredes con pintura fresca, las mesas con manteles muy blancos, nada de eso vi nunca en la Quintica.

El regreso no tuvo nada en particular que yo recuerde, la carretera no era de primera y el viaje fue más largo de lo que yo hubiera querido, tuvimos que atravesar unos pueblitos pequeños que nos atrasaron mucho. Al fin llegamos y no tengo memoria de que sucedió en los días que le siguieron, me imagino que como todos, llegamos a aceptar las más duras perdidas.

Con este relato termino el capítulo de los viajes, pero antes quiero añadir algo que sucedió unas semanas después. No estoy seguro, me parece que fui a llevar a mi madre a El Encanto, no recuerdo por que tenía que ir con ella a la tienda, quizás era para ayudarla a bajar algo que ella llevaba, estacioné el carro a una o dos cuadras, caminamos hasta en la tienda y allí la dejé, volví al carro y me dirigí a hacer otra gestión, tampoco recuerdo que otra gestión yo tenía que hacer, solo recuerdo que iba por la calle San Lázaro, en dirección a la Universidad, lo que si recuerdo muy claramente, como si hubiera sucedido ayer, es que al cruzar la calle Infanta, el carro comenzó a fallar, enseguida me vino a la mente el problema que habíamos tenido en la carretera con la bomba de gasolina. Seguía el carro fallándome fui arrimando a la acera, hasta que se detuvo por completo, me baje y fui a la acera, no sabía que hacer, creía que sabía cuál era el problema pero no sabía cómo empezar a resolverlo.

¡Qué suerte tuve! Por la acera caminando hacia mi venia un hombrecillo, con manchas de grasa en las ropas, llevaba en su mano la agarradera de una especie de gaveta de metal, abierta por arriba, rebosante de herramientas, repito, ¡Que suerte tuve! ¡El tipo era mecánico! Se dirigió a mi y me preguntó qué problema tenía, él podía ayudar a resolvérmelo. Le respondí que si, que yo estaba seguro que él me lo iba a resolver. Solo tenía que volverse a meter debajo del carro y abrir lo que había cerrado para que dejara de pasar la gasolina, le señale al policía que venía caminado hacia nosotros, estaba prohibido el estacionamiento en la calle desde Infanta hasta pasar la colina de la Universidad.

Me pareció que por un momento consideró echar a correr, pero con el peso de las herramientas no llegaría lejos. Entonces, en voz muy baja y muy apresuradamente me dijo: Oye, yo no quiero problemas, te voy a resolver y me voy.

El arreglo duró menos de un minuto, salió debajo del carro y me dijo que lo arrancara, tuve que darle unas cuantas veces al motor de arranque, claro, estaba completamente seca la bomba de gasolina. El asunto era que de alguna forma, evidentemente muy fácil de hacer, le cortaban el flujo de gasolina a la bomba, el carro caminaba unos kilómetros con la gasolina que tenía en la línea de abastecimiento, solo era cuestión de esperar a que se agotara, el "mecánico" seguía el carro hasta que se parara. Sacaban la bomba, se iban un par de horas a tomar unas cervezas, limpiaban la bomba de grasa, regresaban, decían que era nueva o reparada, la instalaban, abrían el flujo de gasolina que habían cerrado, y a cobrar el trabajo.

Y por qué cuento todo esto, porque mi abuelo tenía razón aquel día, lo habían robado, él no sabía cómo, pero si sabía que lo habían robado. Y yo qué me creía que me las sabia todas, muy inteligente, muy vivo, no solo no me di cuenta de la estafa, si no que casi me reí de él por su descabellada deducción.

CAPÍTULO 10

El cultivo del tabaco

Como lo había prometido desde el principio, escribiría mis recuerdos sin orden, según fueran llegando a mi mente, bueno, aquí cumplo lo prometido, este capítulo no tengo donde ponerlo para que quede en orden, pero me parece muy importante para dejarlo fuera, decidí ponerlo como último, antes de regresar a Jamaica que lo tengo pendiente.

Me parece tan interesante la cosecha de tabaco de "partido", que quiero dedicarle un capítulo, será una información que no se encuentra en libros que tratan sobre la cosecha del tabaco, al menos yo no he visto ni siquiera un artículo que trate este tema. Tampoco es toda la información al respecto, yo sé más del tema de lo que voy a incluir en este capítulo, relatar más detalles de los que pienso, sería hacerlo demasiado largo, sobre todo para los que no estén muy interesados en el tema.

Gerardo Chávez García

Lo primero en aclarar es que nunca supe de donde salió el nombre de tabaco de "partido", pero si se bien el significado. Esta variedad de tabaco sólo se cosechaba en las fincas que se encontraban entre los pueblos de San Antonio, Güira de Melena y Alquízar. Era tabaco de exportación, quiere decir que con sus hojas no se torcían tabacos en Cuba, estas hojas se exportaban principalmente a Tampa, y allí se elaboraban los tabacos, tabacos de un color verde tenue, con un tono amarilloso, no he vuelto a ver. Evidentemente los tiranos sabelotodo de Cuba decidieron no continuar cultivando esa variedad de tabaco.

El color de la hoja, por supuesto, también era verde tenue. El motivo por el cual no tenían el mismo color de los tabaco que hoy vemos, era porque la hoja se curaba artificialmente, con calor, mucho calor, durante 72 horas la temperatura dentro de la casa de tabaco llegaba a los 155°, en sólo 72 horas la hoja perdía toda el agua, y quedaba seca, pero manteniendo el color. En contraste, todo el otro tabaco que producía Cuba, desde Pinar del Río hasta Santa Clara, se curaba "al tiempo", las hojas permanecían por varios meses en la casa de tabaco, o dependiendo del uso que se le daría a las hojas se les dejarían para curar a la intemperie, estas hojas serían las que se utilizaran para "tripa" o sea, la parte de adentro del tabaco. Dependiendo del tiempo, temperatura, humedad, lluvias, etc. estas hojas terminaban con diferentes tonos de carmelita, manchas, algunos agujeros causados por insectos, etc. pero como se usarían de relleno no importaban estos defectos, el precio de este tabaco curado al tiempo era usualmente menos de la mitad del precio que alcanzaba tabaco de partido. Éste tabaco era el que se utilizaba para el consumo nacional, y para la exportación de tabacos ya torcidos.

Lo más increíble era el altísimo costo y riesgo que los cosecheros de tabaco de partido corrían al curar tabaco artificialmente. Desde la preparación de terrenos, la colocación de los postes, que servirían de sostén a los alambres que se corrían de poste a poste, sobre estos luego se colocaría la tela, que protegía a las vegas de todo lo que podía hacerle daño a la cosechas, principalmente insectos que agujereaban las hojas, extremas temperaturas, vientos y fuertes aguaceros, en fin era una protección bastante completa. A la tela le llamábamos "de mosquitero" por el parecido a las telas que se usaba en las casas para protegerse de los mosquitos. El nombre en inglés era "cheese cloth", por el parecido a la tela que se usaba para envolver algunos tipos de queso. Todos los años había que comprar aquellos enormes rollos de tela, solo una parte de la tela utilizada en una cosecha se podía volver a enrollar y guardar para el año siguiente, una gran parte no soportaba las inclemencias del tiempo.

Una típica vega de tabaco de partido

Después venia la resiembra de las posturas. Mi abuelo no sembraba las semillas, le compraba las posturas a personas que se especializaban en hacer germinar las semillas, estos semilleros se encontraban en una zona donde los terrenos se prestaban más a la germinación de las semillas, a unos 20 o 30 Kilómetros de sus fincas. Una vez que las posturas alcanzaban unas pocas pulgadas, se iban a buscar por miles en cada viaje.

El trabajo verdaderamente rudo comenzaba después de la siembra de las posturas, había que mantener los surcos libres de hierbas, de no hacerlo, éstas consumían una gran cantidad de nutrientes que necesitaban las plantas de tabaco. Esta labor se hacía arrodillado en la tierra, con una pequeña guataca, un azadón de cabo corto, también se iba aporcando la tierra alrededor de cada mata, una labor bastante incómoda para hacerla día tras día.

Unas semanas más adelante llegaba la parte fácil, yo diría que la única fácil en todo el trayecto. Esto era lo que llamaban desbotonar, que como indica el nombre era quitarle los botones o los hijos a las hojas, los hijos también consumían nutrientes que necesitaban las hojas para su desarrollo. Este era el único trabajo parte de la cosecha, que se hacía parado, sin agacharse, sin herramientas, sólo con dos dedos se arrancaban los hijos.

Mientras tanto se seguían haciendo labores extraordinariamente fuertes para lograr una hoja especial. El regadío del tabaco yo lo consideraba como la parte más ruda del cultivo del tabaco. Para poder explicar las dificultades del regadío en detalles, debo comenzar por las turbinas que sacaban el agua del fondo los pozos, y el resto de la infraestructura pluvial.

Las turbinas estaban en el mismo centro del rectángulo que formaba los límites de la fincas, de allí salían tuberías maestras en las cuatro direcciones, una para cada lado de las fincas que usualmente eran rectangulares en su forma. Las tuberías eran de un hierro muy grueso (si, no existía el PVC), me parece recordar que tenía al menos 6 o 8 pulgadas de diámetro, estaban instaladas permanentemente bajo la tierra, solo se veían las enormes llaves de paso, éstas eran necesarias para cambiar la dirección de la corriente del agua hacia la zona deseada.

Estas tuberías maestras tenían tomas de roscas para conectar tuberías secundarias a cada lado, según fueran necesarias de acuerdo a la localización de las vegas ese año. Todos los años las vegas se mudaban a diferentes áreas, un año a un lado de la tubería maestra, y al año siguiente al otro lado. De esta forma se evitaba el agotamiento del terreno, dejándolo descansar por todo el año, y durante el año de descanso una manada de caballos y mulos sueltos, iban abonando la tierra para el año siguiente. Era todo una ciencia por experiencia.

En los casos de Santa Rosa y La Cecilia, por estar situadas exactamente una frente a la otra, solamente separadas una de la otra por la carretera, las tuberías maestras se conectaban por debajo de la carretera de una finca a la otra, así, en caso de emergencia por roturas, se podía llevar agua de una finca a la otra.

Portada de la finca Santa Rosa

Las tuberías secundarias, de unas cuatro pulgadas de diámetro, se instalaban más o menos en el centro de las vegas, llegaban casi al final de la vega, durante todo su trayecto, también tenía tomas con roscas, donde se conectaban mangueras de goma, me parece recordar que tenían un diámetro de una y media pulgadas. Para evitar que las mangueras se doblaran, estaban revestidas de unas espirales de hierro de una punta a la otra, estas espirales añadían un peso extraordinario a la manguera, en muchas ocasiones traté de mover una manera de lugar, y simplemente no pude. Siempre me preguntaba cómo era posible que aquellos trabajadores, se pudieran enrollar tres o cuatro vueltas de manguera alrededor de sus cuellos, sobre sus hombros, y de esa manera caminar entre los surcos de plantas mientras regaban. Según se iban alejando de la tubería, se iban sacando de encima vueltas de manguera, para de esta forma llegar con el agua hasta el final del surco. No era sólo el peso de la manguera de goma gruesa, el peso de las espirales de hierro, y para terminar el peso del agua. No eran muchos los hombres que podían realizar aquel trabajo.

La casa de tabaco estaba dividida en "aposentos". Éstos eran espacios de unos 10 o 12 pies de ancho, por quizás 18 o 20 pies de largo, en cada uno de estos espacios trabajaban una o dos ensartadoras, este era un trabajo típico de mujeres, nunca vi a un hombre ensartando tabaco.

Una ensartadora en las labores que describo

En el transcurso del día las ensartadoras, unas 40 en total en cada casa, iban llenando cujes con hojas cosidas entre sí. Cada casa por lo regular tenía seis de estos aposentos, de cada lado de un pasillo central. Por este pasillo central se entraban de la vega, las "parihuelas" llenas de hojas para ser ensartadas. Para dar una clara idea de lo que eran las parihuelas, debo compararlas con las camillas que usa la Cruz Roja, un hombre por cada punta y el herido en el centro. La parihuela era algo más ancha que una camilla, pero el mismo concepto, un hombre por cada punta, y cientos de hojas de tabaco entre los dos. De la parihuela se iban poniendo grupos de hojas en las mesas (mesas formadas por 10 o 12 cujes puestos uno al lado del otro) frente a las ensartadoras, y poco a poco, en el transcurso del día, dos de los tres hombres que trabajaban en cada casa, iban subiendo los cujes llenos de hojas hasta la parte más alta de la casa.

Casa de curar tabaco "al tiempo". Obsérvese la enorme altura de la casa, comparada a la altura de la persona que esta parada cerca de la puerta. Las casas de tabaco nuestras eran muy similares, las diferencias eran que las paredes eran de madera, en vez de guano. Y eran aproximadamente un tercio más largas, eran de seis aposentos, la que aparece en la foto es de cuatro aposentos.

Una vez que se llenaba la casa completamente, que usualmente era en un solo día, ya al atardecer se comenzaba las labores de preparar la casa, para darle "candela". Se cerraban las puertas y ventanas, por fuera se tapaban con cartones las hendiduras que quedaban entre el marco de puertas y ventanas, así se evitaba que entrara la brisa fría de la temporada invernal, que además podía hacer volar una chispa del carbón.

En cada aposento se abrían seis huecos, no muy profundos, unas seis u ocho pulgadas, con un diámetro de alrededor de dos pies. Éstos huecos se llenaban de carbón vegetal, y se iniciaba el fuego, se trataba que los huecos con carbón no produjeran llamas, había el peligro de que si las llamas alcanzaban las hojas, sobre todo cuando ya éstas estaban medio secas, se produciría un incendio que en menos de media hora transformaría en cenizas la casa entera, con su contenido.

Después de las primeras seis u ocho horas de candela, se comenzaba a mirar los termómetros, esto se encontraban en el lugar más alto de la casa, donde se acumulaba el calor más fuerte. Los termómetros estaban atados a unas cuerdas, dejando rodar la cuerda se bajaban los termómetros para leerlos, después de una mirada rápida, sin tomar nota de nada, se volvía a halar las cuerdas y los termómetros volvían a su lugar. No era recomendable dejar subir la temperatura muy súbitamente, era ya después de 24 horas cuando se dejaba llegar al máximo de temperatura. Todos estos ajustes de temperaturas durante las 72 horas, se lograban echando más o menos carbón a los huecos, no era una ciencia muy cierta, no estaba escrita en ningún manual.

Los encargados de vigilar las temperaturas, se titulaban "candeleros", eran expertos en estas funciones, pasaban los tres días del proceso en la "chaucha", que era un cuartico muy pequeñito, afuera, adjunto a un costado, con acceso a través de una puerta al interior de la casa. Los "candeleros" trabajaban en parejas, siempre eran dos personas, mientras uno dormía el otro atendía a que no faltara el carbón para que no bajara la temperatura. Una temperatura estable garantizaba un color parejo y manchas en las hojas.

Según recuerdo, casi todas los años se producía un incendio que desaparecía la casa antes de que llegaran los bomberos. Todo el que entraba a una casa después de 24 horas de candela, no podía explicarse cómo es que no se producían más incendios, se veían volar chispas que producía el carbón, si alcanzaba a una sola hoja podía producir el desastre.

Para no hablar de grados de temperatura, y para poder explicar el calor existente dentro de la casa, basta decir que en no más de 10 segundos dentro de la casa, el sudor corría por todo cuerpo. En más de una ocasión llevé amigos y amigas para que tuvieran esa experiencia, no recuerdo a nadie que se aventurara a más de uno o dos pasos de la puerta hacia adentro.

No sé si he sabido explicar claramente todo el proceso, me parece que lo estoy mirando, lo mantengo muy claramente en mi mente, pero me ha resultado muy difícil de relatar.

Mi abuelo era un hombre innovador, no le temía a los riesgos, le gustaba lo moderno, era capaz de experimentar cualquier cambio si creía que le iba a traer resultados favorables. El proceso que acabo de describir, no comenzó hasta mediados de la Segunda Guerra Mundial, antes de esa fecha también mi abuelo curaba el tabaco al tiempo, ese sistema tomaba meses para que la hoja estuviese totalmente seca, dependiendo de los cambios normales de temperatura y humedad durante ese período, podían causar manchas en las hojas, lo cual era aceptable porque no había forma de evitarlas, pero parece que para mi

Abuelo, nada estaba bien si la hoja no quedaba perfecta. Quizás por esos cuidados a su cosecha, el precio a que él vendía su tabaco era superior al que obtenían los otros cosecheros de la región.

Durante las semanas que tomaba el proceso de curación, para evitar las manchas en la hoja cuando había mucha humedad, mi abuelo comenzó a darle un poco de calor a la casa, utilizando el carbón. Como el resultado fue bueno, decidió hacer todo el proceso, con calor desde el primer día. Tengo entendido que fue el primer cosechero de tabaco en Cuba en establecer este sistema.

Pasaron unos cuantos años, quizás 10 o 15, los incendios seguían ocasionando pérdidas, mi abuelo estaba dispuesto a cualquier otra innovación que permitiera seguir secando el tabaco artificialmente, pero que disminuyera el riesgo de incendios. No sé quién inició su próxima innovación, en vez de carbón, usar gas, más limpio, y no volaban chispas.

Gerardo Chávez García

Probablemente la idea haya surgido de la Compañía de gas Galisa, que eran los que le venderían el gas, quizás fue la idea de mi abuelo pero no lo he podido comprobar. De todas formas fue un gran avance tomar el riesgo, implementar un nuevo sistema, algo que nadie antes había utilizado siempre resultaba peligroso. Lo que sí estamos seguros, los tres vivimos aquellos años, Tito, Sergio y yo, que no debe de haber sido una idea de Félix, siendo tan conservador y cauteloso, probablemente mi abuelo tuvo que haber insistido mucho, quizás imponerle que se realizara el experimento.

Ya con la aprobación de mi abuelo, la compañía de gas envió a sus ingenieros, quería estar seguros de tener todo lo que se necesitaba para aquella primera prueba. Durante días antes de la fecha señalada comenzaron a llegar camiones cargados de las diferentes piezas necesarias. Llegaron cientos de quemadores similares a los que utilizan las cocinas de gas, sólo que quizás algo más grandes. Llegaron también cientos de una especie de sombreros de metal para poner encima de los quemadores, la función de estos era disipar el calor en una forma pareja. Muchos rollos de mangueras para llevar el gas a cada quemador. Y por último llegó uno de esos tanques enormes que se ven encima de camiones que van de casa en casa, proveyendo gas a los consumidores.

La noche de la primera prueba, enseguida se notaron las ventajas, no había que comenzar por abrir aquellos 72 huecos y llenarlos de carbón. Era mucho más fácil poner un quemador en el lugar que hasta ese día se hacían los huecos, se conectaban las mangueras, se le ponían encima lo que tengo que llamarle sombreros por no acordarme del nombre correcto, la manguera principal ya conectada al enorme tanque colocado a unos 15 o 20 pies de la casa, comenzaba a fluir el gas, con la llama de una vela se iban abriendo las llaves de cada quemador y se iban encendiendo quemador a quemador, todo un éxito, en pocos minutos ya se sentía el calor.

Era sólo cuestión de esperar una o dos horas para estar seguro que nada que no estuviera planeado iba a suceder, y así fue, se marcharon los técnicos para La Habana, y el resto para el pueblo, sólo quedaron los candeleros a cargo del experimento.

Cerca de la medianoche llegó a la casa alguien con un mensaje de los candeleros, todos los quemadores se había apagado, los candeleros pensaron que se había acabado el gas, fueron a ver si había pasado algo con el tanque de gas, y efectivamente allí estaba el problema, el tanque se había congelado, tenía una capa de hielo de más de media pulgada que lo cubría totalmente. El primer remedio casero fue lógicamente echarle agua caliente, y por supuesto no hizo ningún efecto. Comenzaron a llamar a los técnicos, hasta que al fin uno se dio cuenta que cuando el gas sale a mucha velocidad de donde se encuentra, la temperatura baja y se produce el hielo. La solución fue tener dos tanques, y cambiar el flujo de gas de un tanque al otro cada dos o tres horas, así no le daba tiempo al gas a congelarse.

No hubo nunca otra dificultad, mi abuelo enseguida ordenó otros tanques y otros juegos de piezas para extender a las otras fincas el uso del gas. Nunca hubo otro incendio, el tabaco curaba parejo, sin manchas, de una calidad insuperable.

Mi abuelo fue el primer cosechero de tabaco en Cuba en secar tabaco al calor del gas. Claro, recordemos que sólo en esa zona se secaba tabaco artificialmente, por tanto el que fuera considerado como el mayor productor de tabaco de partido, y el primero en secar tabaco con gas en Cuba, en realidad sólo lo era en esa pequeña zona de Cuba entre los tres pueblos mencionados anteriormente. En el resto de la isla no se sabía de la existencia del tabaco de partido, ni que se curaba el tabaco con calor artificial.

Gerardo Chávez García

CAPÍTULO 11

Mi segundo día en Jamaica

Mi segundo día en Jamaica, enero 21 de 1961. Después de almorzar, Lecuona me invitó a sentarme con él a conversar en el portal de la casa, tenían allí unos amplios sillones, muy cómodos y corría cierta brisa. El hotel se encontraba rodeado de enormes árboles, sus sombras refrescaban la temperatura.

Inmediatamente me preguntó:

-¿Tienes dinero?

-Como para cuatro días, le contesté.

-¿Estás preocupado?

-Un poco, me parece que no va a ser suficiente para todo el tiempo que necesitaré para arreglar mi problema.

Lecuona me dijo que él si tenía algún dinero, y que no me preocupara mucho, que él se encargaría de pagar la cuenta de la habitación por un tiempo, hasta que yo pudiera saber qué iba a hacer. Se lo agradecí enormemente, me daba mucha tranquilidad saber que no iba a dormir en la calle en los próximos días.

Conversamos sobre otros temas, todos relacionados a Cuba y mi problema. Me ayudó a confeccionar un plan de acción. Al día siguiente debía de visitar la embajada de Estados Unidos en Kingston, y solicitar allí, inocentemente, una visa de turista para visitar Miami. De acuerdo a lo que allí me dijeran tendría que actuar en los días siguientes.

Esa noche la hija mayor de Lecuona, que me avergüenzo de decir que tampoco me acuerdo el nombre de ella, me llevó en su carro a una cafetería a tomar sodas, nos acompañó otra muchacha de aproximadamente su misma edad, esta era hija de un cubano (hasta hace unos pocos años me acordaba de su nombre y apellido, hoy solo puedo decir creo que era Cesar) que era el presidente de la compañía que distribuía la Coca-Cola en Jamaica. Por lo que veía, ambos, Lecuona y Cesar tenían una posición económica holgada. Esa noche tomé por primera vez soda de chocolate, me gustó.

A la mañana siguiente me levanté temprano, volví a tomar el camino que recorrí la primera noche para llegar a la farmacia. Allí en una esquina, tomaría la guagua que me dejaba cerca de la embajada americana, me sorprendió la limpieza de la guagua, de transmisión automática, no con los cambios mecánicos de las guaguas en Cuba. Todas las otras docenas de guaguas que monté durante mi estancia en Kingston, eran igual de limpias, tremendísimo aire acondicionado. El pasaje costaba tres Pences, al cambio significaba alrededor de los mis mismos ocho o diez centavos que costaban un pasaje dentro de la Habana, pero el vehículo era muy superior a los que yo había conocido. En este momento no recuerdo otra cosa que yo encontrara superior a lo que yo había dejado atrás. Exceptuando a las guaguas, todo era muy inferior a lo dejado en La Habana.

Llegue a la embajada, me sorprendió el diminuto edificio que alojaba la embajada, no era ni la décima parte del edificio de la embajada en La Habana, quizás era la mitad del tamaño del consulado americano en Santiago de Cuba, que yo consideré pequeño cuando lo visite hacia sólo unos meses atrás, en uno de mis intentos por la ansiada visa.

Tratando de aparentar mucha serenidad me acerqué a la recepcionista y le dije que quería solicitar una visa de turista. Ella me pidió que me sentara en el pequeño lobby. Después de unos 30 minutos, la recepcionista se levantó de su puesto, vino hacia mi y me invitó a que la siguiera a ver a un cónsul. Dimos un par de vueltas por unos pasillos cortos, se detuvo ante la puerta de una pequeña oficina y me pidió que pasara, me señaló que me sentara, en unos minutos el cónsul estaría conmigo. Yo nunca he padecido de nerviosismo, pero en aquellos momentos si me sentía muy ansioso, los próximos minutos podían ser vitales para mí.

Al fin entró el cónsul, con paso breve, como apurado, no le pude ver bien la cara hasta que estuvo sentado frente a mí, me pareció reconocerlo, pero él me reconoció mi antes, parece que le hice algún impacto en mis anteriores encuentros, mi apariencia, flaco, 130 libras, con muy poca barba, me hacía lucir de quizás 16 o 17 años, no debe de haber tenido mucho solicitantes de visa sin familia incluida que se me parecieran. Sin ningún preámbulo me dijo:

-Aquí sí te puedo dar la visa.

Me había topado por tercera vez con el mismo cónsul que me atendió en La Habana, luego en Santiago y ahora en Kingston. El gobierno de Estados Unidos recién (en enero 4 de 1961) había roto las relaciones diplomáticas con Cuba, y enviado a sus cónsules a otras capitales, me tocó en suerte que el único cónsul que ya me había negado la visa dos veces, fuera a parar a Kingston, el único lugar que yo había encontrado para salir del infierno.

Cuando escuché aquellas palabras pensé que estaba soñando, me iban a dar la visa, y el mismo que me la había negado dos veces, ya me veía en camino al aeropuerto y viajando a Miami. Aquel hombre, que nunca trate de recordar su nombre, al contrario, quería olvidarlo, me dijo:

Gerardo Chávez García

-Pero no te puedo dar la visa de turista.

Yo pensé que estaba jugando conmigo, pero no, era en serio, no me podía dar la visa de turista, pero sí la residencia permanente en los Estados Unidos. Claro, para ello tenía que presentar una serie de documentos, algunos los cuales yo tenía, y esperar el tiempo que fuera necesario para procesarlos.

Muy entusiasmado le di mil gracias y le prometí que pronto regresaría con todos los documentos que necesita. Me dio una aplicación y un listado de los documentos necesarios, estos incluían, inscripción de nacimiento debidamente traducida al inglés, un contrato de trabajo en algún lugar de los Estados Unidos, análisis de sangre y rayos X.

Al salir de la embajada, me encontré en la acera con un grupo que era evidente desde lejos que eran cubanos, blancos, limpiamente vestidos, venían todos con sobres en la mano, asumí que traían documentos. Después de reconfirmar que eran cubanos les pregunté dónde habían hecho las gestiones de traducción y laboratorios. Me dieron unas direcciones, me sentí como que había logrado algo en mi primer medio día en Jamaica.

Regrese al hotel para recoger mi inscripción de nacimiento, allí pedir instrucciones de cómo llegar al hotel Melrose, frente al mismo vivía una señora que hacía traducciones.

Llegué al Melrose para preguntar dónde exactamente vivía la traductora, había un bar en la misma entrada del hotel, me acerqué a la barra y le pedí al cantinero un vaso de agua. Eran aproximadamente las cuatro de la tarde, a pesar de la fecha el calor era sofocante. En el bar sólo había un parroquiano sentado en una las banquetas, cuando me oyó hablar miró hacia mi y enseguida me pregunto:

-¿Eres cubano?

El que preguntaba sin duda también era cubano, un hombre bastante mayor, grueso y peinando canas. Con mucho entusiasmo le contesté:

-¡Claro que sí! -le contesté

-¿Cuánto tiempo hace que estás aquí?

-Llegué ayer.

-¿Está tratando de llegar a Estados Unidos?

-Por supuesto, pero tengo dificultades para reunir los documentos.

-¿Qué te falta?

-Lo que no tengo idea como voy a conseguir. El contrato de trabajo, no conozco a nadie en Estados Unidos que me lo pueda facilitar.

-Yo creo que te puedo ayudar, mañana regreso Miami y si me das tu dirección te mando un contrato de trabajo pasado mañana.

Le di mi nombre y dirección del hotel donde me estaba quedando. Le expresé mi inmenso agradecimiento por brindarme su ayuda. Él se identificó como un ex ministro del gobierno de Batista, (me parece que me dijo era Santiago Rey, pero no recuerdo su cara, sólo recuerdo su silueta, lo vi solo por unos minutos. Y cuando años después veía su foto en los periódicos de Miami no se me parecía a la cara que yo creía recordar, eso se quedó en el misterio) el nombre lo reconocí, pero como no me interesaba la política en épocas de Batista nunca me interesó ver, y menos recordar las caras de los políticos, el nombre si me parecía haberlo oído antes.

Me invitó a un ron jamaiquino con Coca-Cola, acepté la invitación, conversamos un rato más, me aseguró que el gobierno de Castro le quedaba muy poco tiempo, me gustaba la conversación y las noticias que me daba de Miami, la invasión que se estaba planeando, todo muy agradable, pero yo tenía que ir a la acera de enfrente a resolver la traducción de la inscripción de nacimiento.

Me despedí de él muy contento, dándole las gracias una vez más. Me fui con paso ligero, atravesé la calle, mucho más ancha y con más tránsito que otras calles de Kingston. Llegué a una casita muy modesta que seguro estoy había sido muy bonita, un pequeño jardincito al frente que intentaba adornarla, hacía tiempo que la casita había vivido sus mejores tiempos, le hacía falta, al menos, una manito de pintura.

Toque a la puerta y me contestó una señora que hablaba español con soltura, era la traductora. Le conté quienes me habían recomendado y a lo que iba, le mostré mi inscripción de nacimiento de dos páginas, me parece recordar que me dijo que me cobraría a cuatro dólares la página, o sea, el equivalente de un día de cuarto y comida en el hotel. Le expliqué mi situación, y le pedí que me hiciera una rebaja, creo que la hizo, acepté el precio y quedamos en que regresaría en dos días para recoger el trabajo.

De allí regresar al hotel, ya era casi la noche de mi primer día en Jamaica, estaba contento, creía haber adelantado muchísimo en un sólo día. Estaba ansioso de llegar al hotel para contarle a Lecuona lo que yo creía eran mis éxitos del día. En cuanto llegué lo busqué, se lo conté todo con mucho entusiasmo, Lecuona estuvo de acuerdo conmigo, había logrado en un sólo día, lo que normalmente pudiera haber tomado dos o tres, pero eso no adelantaba mucho el largo proceso, él no era muy optimista, pensaba que por rápido que fuera todo, serían varias semanas de espera.

Después de una ducha, al comedor, una de las mejores comidas que tuve en Jamaica, fui al lobby a conversar con la familia Lecuona, a hacer planes para el día siguiente, mi segundo día en Jamaica había terminado.

CAPÍTULO 12

Una larga estadía

Preocupado por el futuro inmediato, sentía la necesidad de buscar una forma de vivir con el mínimo de gastos.

Se me ocurrió ir a visitar a Father Connolly, le llevaría una caja de tabacos H. Upmann, Número 4, la había traído de Cuba precisamente con el objetivo de vendérsela o regalársela a alguien. Averigüé donde estaba el colegio donde el padre Connolly tenía su oficina, hacia allí me dirigí.

Al llegar a la dirección que tenía me encontré con unos terrenos enormes, donde había ocho o diez edificios también muy grandes en extensión, diseminados por toda el área del colegio. Creo que uno o dos eran de dos pisos, el resto de un solo piso. Una pequeña casita que tenía el aspecto de una oficina, tenía al lado de su puerta el número de la dirección que tenía anotada. Toqué suavemente la puerta y no recibí respuesta, volví a tocar y nada. Me decidí a comprobar si la puerta estaba cerrada, se abrió fácilmente, metí la cabeza en una pequeña oficinita y no vi a nadie. Entré y empecé a decir "Hello", de un cuartico asomó la cabeza el Padre Connolly. Me miró con cara asombrada y como preguntándose que hace éste aquí. Le dije que deseaba conversar con él, y de paso regalarle una caja de tabacos cubanos. Me contestó que no fumaba, le dije que los regalara a un amigo.

No muy contento aceptó la caja de tabacos, y me preguntó que quería. Ya yo había practicado en inglés lo que le iba a decir. Le expliqué que estaba muy nervioso el día que lo conocí en el aeropuerto, y que yo no había tratado de engañarlo, que yo había pensado que la monja en La Habana había hecho alguna gestión para que él me recibiera en Jamaica, y como todo era tan secreto yo no quería ser indiscreto, no quería comentar nada. Me pareció que casi que lo convencí.

Entonces me preguntó:

-¿Y ahora que quieres?

-Que me dé una pequeña ayuda hasta que yo pueda obtener la visa a Estados Unidos -le contesté.

-¿Y qué tipo de ayuda quieres?

Le contesté que iba a necesitar un lugar donde dormir, pensaba que quizás en el colegio había una habitación aunque no tuviese ningún tipo de comodidades, sería una gran ayuda por unas semanas, yo estaba dispuesto hacer cualquier tipo de trabajo mientras estuviera allí.

Mientras se rascaba la cabeza me contestó que no había ninguna habitación donde yo pudiera quedarme a dormir ni por un día, pero pensaba que quizás yo podía ayudar al profesor de español, el Padre Dopper. A mi aquello me pareció un disparate, en que podía yo ayudar en una clase, si no entendía ni la mitad lo que me decían en inglés. Por supuesto que le dije que si, que estaba dispuesto hacer mi mejor esfuerzo. Me dijo que regresara al día siguiente, así tendría tiempo hablar con el Padre Dopper, y veríamos si se podía hacer algo.

Después de ésta entrevista, no me quedaban otras gestiones por hacer aquel día, el laboratorio y los rayos X debía esperar hasta que tuviera todo listo, el dinero que me iban a costar podía hacerme falta para otras cosas simples, como por ejemplo, comer.

En el viaje de regreso al hotel, se me ocurrió que debía por lo menos comenzar a leer los periódicos para mejorar el inglés, aunque fuera solamente el escrito.

Cuando llegue al hotel busqué el periódico del día, y los que ya también tenían un par de días. En uno de aquellos periódicos vi reportajes sobre el aumento de las llegadas de cubanos a Jamaica, decían que se veían casi todos los días llegar cubanos al aeropuerto, yo tenía mis dudas, mi visa tenía el número 9 de 1961, no podían haber muchos mas, quizás algunos con visa desde 1960.

Se me ocurrió que debía caminar las calles del Downtown de Kingston para comprobar que estaban llegando cubanos, por qué no hacerlo, posiblemente no tendría más nada que hacer después de mi visita al Padre Dopper. Ya estaba el viaje al Downtown en mi agenda mental.

Pase la tarde y parte de la noche leyendo periódicos, tratando de adivinar lo que no entendía, para mi sorpresa entendía bastante. Recuerdo que con frecuencia encontraba una palabrita que no podía adivinar, como no tenía un diccionario tenía que quedarme sin aprender una nueva palabra. Recuerdo una de las que veía en todos los periódicos era "injury", que palabrita para darme problemas, claro como habían accidentes todos los días, o trifulcas con, o entre los Rastrafaries, (Una secta de peludos y barbudos sucios a más no poder, me imagino que tendrían olor a grajo, nunca me les acerque, al contrario les huía cuando los veía) siempre había un "injury" que reportar, una puñalada o un accidente de tránsito.

Llegue temprano en la mañana a la oficina del padre Connolly, me hizo esperar un poco antes de llevarme a la clase del padre Dopper, él salió al pasillo y allí nos presentó, el Padre Connolly dio la vuelta y se fue. El Padre Dopper me hablaba en inglés, yo le respondía en español y me parecía que el entendía menos de mi español que yo de su inglés.

Gerardo Chávez García

Al fin entendí que lo que quería era que yo le leyera a la clase en español, así los estudiantes podía escuchar a alguien en español sin acento.

Me hizo pasar al aula, me presentó a los muchachones (era un High School) de la clase, con seguridad eran más de 40 o 50, el agrio olor que sentí me indicaba que algunos debían de bañarse urgentemente. El aula era grande, pero los pupitres parecían muy apretujados. Me dio un libro abierto en un capítulo que trataba del correo, algo como si Pedro fue al correo, que si María fue a comprar sellos, y mil boberías más. Los estudiantes no paraban de hablar entre ellos, el Padre Dopper le pedía que se callaran, pero no le hacían mucho caso, al fin me dijo que comenzará a leer. Trate de tomarme el purgante de leer aquellas páginas, tratando de ignorar las conversaciones, las risas, y hasta alguno que otro grito de los estudiantes. Al cabo de unos breves minutos el Padre Dopper me interrumpió, me pidió salir al pasillo, allí me dijo que creía que aquello no iba a funcionar, los estudiantes no me entendían y él tampoco. Estuve totalmente de acuerdo con él, aquello no iba a funcionar.

Regresé a la oficina del Padre Connolly, allí le conté mi fracaso como lector, se encogió de hombros, y me dijo: Tratamos. Seguidamente me preguntó lo que yo pensaba hacer. Le dije que yo no tenía dinero para pagar hotel. Me preguntó si yo creía que buscando un cuarto en alguna casa, por unas cinco libras (alrededor $13) a la semana podía mejorar mi situación. Enseguida saque mi cuenta, en dos días había gastado poco más que un dólar, el café del primer día y las guaguas. Me alcanzaría el dinero para casi tres semanas, contando con que Lecuona se encargara de pagar mi cuenta en el hotel. Enseguida le dije que sí, pero solamente podía afrontar el costo si incluía desayuno, almuerzo y comida. Por supuesto, me contestó.

Me pasó a su oficina y comenzó a hacer llamadas por teléfono, hizo por lo menos 10 llamadas, desafortunadamente yo no entendía nada lo que estaba hablando. Al fin, con cara de satisfacción, me dijo que había encontrado el lugar ideal, a la dueña le hacía falta el dinero y a mi me hacía falta un lugar barato.

Me dijo que fuera almorzar y regresara a su oficina, para entonces ir a ver la habitación. Le dije que yo podía esperar a almorzar en el hotel, estaba incluido en el precio de la habitación. Me ordenó que no, que fuera al comedor del colegio, me indicó como llegar allí.

El comedor era un lugar inmenso, yo calculo que no tendría menos de 40 mesas, de esas mesas que se utilizan en los restaurantes de barbecue, esas que sientan 5 o 6 personas de cada lado, sobre una tabla que está atornillada a la mesa. Ya el almuerzo había comenzado, el número de mesas y el murmullo casi ensordecedor de las conversaciones me indicaban que había allí no menos de 400 estudiantes. Tengo que reconocer que viéndome yo, el único blanquito en aquel salón con cientos de muchachos negros, a los cuales no entendía y con una higiene que no estaba a la altura de la que yo estaba acostumbrado, me resultaba bastante intimidante, pero había que comer. Me acerqué a una de las mesas con un puesto libre entre dos negritos, le pregunté a uno de los muchachos que donde debía ir a buscar la comida. Antes que me contestara, llegaba una señora con una bandeja y platos con comida, no recuerdo que tipo de comida, pero lo que fuera, me la comí. Después me enteré que el Padre Connolly había avisado al comedor que yo estaba en camino y que me sirvieran comida.

Terminado el almuerzo regrese a la oficina, enseguida salió el Padre Connolly, fuimos hasta su carrito, el pequeño VW que ya yo conocía, íbamos a ver la habitación que él había encontrado.

Viajamos unos 15 o 20 minutos dando vueltas y revueltas a una velocidad vertiginosa, hasta que llegamos al pie de una montaña en las afueras de Kingstown, voy a llamarle un suburbio. Se detuvo frente una casa de madera pintada de carmelita oscuro, con techo de zinc bastante gastado, el jardín del frente de tierra seca, con muy poca hierba, daba calor solo ver la casa.

Él tocó a la puerta, enseguida salió una señora muy gruesa, de cara redonda, grandes caderas, bajita, muy sonriente, era Mrs. Moody. Nos hizo pasar, primero a un pequeño portal, de allí a la sala-comedor, y a un costado la habitación donde yo viviría el tiempo que fuera necesario y pudiera.

Gerardo Chávez García

Me resultaron aceptables las básicas comodidades, para mi cualquier cosa que me diera tres semanas de supervivencia era aceptable.

Regresamos a la oficina del Padre Connolly, allí le di las gracias, le dije que esperaba no tener que volverlo a molestar, y que siempre estaría agradecido por la ayuda que me había dado.

Fui en busca de la guagua, y regrese al hotel. Al llegar enseguida le conté a Lecuona los acontecimientos del día. Me repitió que se encargaría de la cuenta del hotel, serían menos de $30. Me fui a dar una ducha y quitarme de encima el calor del día, la visita al comedor, pensando que quizás sería la última buena comida de las próximas semanas. De allí a uno de los sillones del portal, a conversar con la familia y leer el periódico. Había terminado un día más.

CAPÍTULO 13

Tres semanas para encontrar un camino

En la mañana de mi cuarto día en Kingston, me mudaba a mi nueva residencia en el reparto Vineyard Town (Ya no estoy seguro ni cómo se escribe el nombre, solo recuerdo que se decía así), con la mudada de una maleta y un gusano, me ayudaría la hija de Lecuona. Yo no sabía cómo llegar allí, pero ella tenía un plano de la ciudad y con la dirección que tenía anotada, fuimos directamente a casa de mi Mrs. Moody.

Al llegar frente a la casa, sin apagar el motor me preguntó si yo estaba seguro que esa era la casa, que si allí era donde yo quería quedarme. Le dije que no era donde yo me quería quedar, pero era donde me tenía que quedar. Creo que se impresionó un poco porque unas cuadras antes de llegar a la casa, ya la calle no era asfaltada, era de tierra hecha polvo. Le asegure que estaba contento y satisfecho de saber que tenía un lugar asegurado por tres semanas. Nos despedimos, y creo nunca más la vi, como tampoco vi nunca más a Lecuona y el resto de la familia. Nunca me perdonaré no haber ido a visitarlos aunque fuera el último día antes de salir para Miami, uno de esos errores que se cometen a los 20 años de edad y que no nos damos cuenta de ellos hasta 20 años después, cuando ya es demasiado tarde para enmendarlos.

Es ahora que me doy cuenta que hace más de 50 años se me olvidó el nombre completo de Mrs. Moody, me alegro de acordarme de su apellido. Nos escribimos un par de cartas a mediados de 1961, y nunca volvimos hacer contacto. Cuando llevé a Gilda a Jamaica, a mediados de la década del 70, llegue hasta la casa, el único comentario de Gilda fue: "¿Ahí viviste tú?"

Quería bajarme para tocar a la puerta, pero Gilda no quiso bajarse, y tampoco quería que la dejara sola en el carro. Me imaginaba que si acaso Theresa y Milton, el hijo varón, quedarían la casa. Mrs. Moody ya debía de haber pasado a mejor vida, no era tan vieja en 1961, pero se veía en muy malas condiciones de salud, gordura extrema, y piernas hinchadas de la diabetes.

Volviendo al día de mi mudada, Theresa, la hija mayor de Mrs. Moody, una mulata oscura, más alta que yo, bonita en comparación con el resto de la población, de hablar pausado y dulce. Me dibujo un rudimentario plano de la ciudad, anotamos las rutas de guagua que necesitaba para ir de un lugar a otro, con las esquinas apropiadas para los cambios. Ese importante documento sólo lo necesité por tres o cuatro días, después me sabía de memoria las calles, las rutas de guaguas, y después de una semana conocía cada rincón de Kingston, que al fin y al cabo, no era tan grande como yo pensé el primer día.

Esperé al suculento almuerzo que me imaginaba me iban a presentar, los Moody se sentaron a la mesa conmigo, y comieron lo mismo que yo. Dos lascas de pan blanco, sin tostar, con mantequilla de maní, dos lascas de mortadella, y una jarra de refrescos tipo Kool Aid.

Con esa llenura me fui al portal a leer el periódico, cada día eran menos las palabras que me daban dificultades en leer y entender. Injury era la que me seguía dando problemas, no sé por qué me encapriché en que estaba relacionada con "injuria". Ese día Theresa con su gran finura y paciencia (había estudiado en Londres) al fin me hizo entender lo que quería decir "injury". También ese día descubrí que con el pequeño radio que había en el portal podía escuchar las estaciones de Cuba, casi todos los días, después de la grandes comidas me torturaba escuchando las estaciones de Cuba y sus consignas revolucionarias.

Un poco más tarde ese mismo día, ya con las instrucciones sobre las rutas de guagua, decidí hacer la visita al Downtown que tenía en mi agenda mental.

Debía de caminar unas tres cuadras largas para llegar a la esquina donde podía esperar la guagua, llegaban cada 15 minutos, y me parece que de ahí al Downtown no tuve que hacer transferencia a otra ruta, en realidad el viaje era corto me parece recordar que eran menos de 15 minutos.

Si recuerdo perfectamente la calle principal, tres o cuatro cuadras de largo, con comercios a ambos lados. En la intersección principal, un policía parado sobre un cajoncito en el mismo centro de la intersección, dirigiendo el tráfico con movimientos mecánicos, exactos. Los carros le pasaban tan cerca que parecían que le rozaban el pantalón. Muy entretenido de ver por un rato. Me preguntaba cómo era posible que aquel policía pudiera soportar el calor existente, con un uniforme de chaqueta blanca impecable, pantalón azul oscuro de un tipo de felpa, un cinturón grueso, de piel que tenía una extensión que le daba la vuelta sobre el hombro. Se protegía del sol con un sombrero blanco brilloso, tipo Jim de la Selva. No se le veía sudar, aquello era sorprendente, nunca lo vi tomar agua, no sé qué tiempo estaba en cada turno, nunca vi cambiar la guardia, eran increíbles los movimientos de brazos para parar el tráfico de una dirección, y a la vez indicarle a la otra calle que avanzaran. Me quedó el misterio que resultaba para mi que no se cansara, nadie me lo pudo explicar, parece que a nadie le interesaba saber porque no se cansaba el que parecía un muñequito de cuerda.

Yo creo que la primera vez que vi al policía de tráfico debí de haber estado observándolo constantemente por al menos 15 minutos, en realidad me resultaba muy entretenido y curioso.

Tenía que dejar el show del policía, ya estaba pensando en que iba a tener tiempo de ver ese mismo show muchísimas veces en las próximas semanas. Quería caminar las 4 o 5 cuadras del Downtown de una punta a la otra por las dos aceras, antes de que cayera la tarde.

La mayoría de los locales eran de tiendas de ropas, zapaterías, alguna mueblería y ferretería, y varias tiendas de suvenires. Los dos edificios más nuevos, elegantes, relucientes eran de Royal Bank Canadá, y The Bank of Nova Escocia. En la puerta de este último, ví a un muchacho joven con apariencia de cubano, era uno de los tres blancos que había visto en mi recorrido por el Downtown, los otros dos eran blancos como la leche con la piel rojiza del abrasante sol, eran aparentemente ingleses que eran dueños de alguno de los negocios en esa calle. Recordemos que Jamaica era un dominio de Inglaterra, precisamente estando yo allí, los ingleses le dieron la independencia a Jamaica, hubo muchos festejos y celebraciones, con muchas borracheras de los Rastrafaries, la independencia era uno de sus objetivos de su organización.

Me acerqué al muchacho que vi saliendo del Banco Nova Escocia, le pregunté si era cubano, me respondió que sí y comenzamos a conversar, a contarnos nuestras vidas en Jamaica, el objetivo final, por supuesto era el mismo, llegar a Estados Unidos. Me dijo que acababa de salir del banco donde había ido a recoger una transferencia que le había hecho un pariente que vivía en Nueva York, había llegado a Kingston hacía ocho o diez días con $200 escondidos en un perchero de madera, barrenado el palito donde se cuelgan los pantalones, insertó en el agujerito dos billetes de a $100, volvió a poner el palito en su lugar en el perchero y a los ladrones de Castro no se les ocurrió pensar que por que llevaba un perchero ocupando espacio, cuando un perchero se conseguía en cualquier lugar por casi nada o regalado.

Me contó que ya lo había gastado casi todo, se estaba quedando cerca del Downtown en un hotel caro, como de $12 diarios, pero no incluía la comida, quería buscar algo más barato pero no lo encontraba, no sabía cómo, temía quedarse en los hoteluchos que se veían de mala presencia. Le conté mi situación y me dijo que le gustaría poder encontrar un arreglo similar, ya él había entregado en la embajada toda la documentación, había llevado todos los documentos necesarios para la residencia preparados desde Cuba, le habían dicho que quizás en dos o tres semanas estaría viajando, esto eran malas noticias para mí, si a él le faltaban semanas, cuanto me faltaría a mi que todavía no había entregado los documentos.

Le di mi dirección y le indiqué cómo llegar a ella, esa noche yo le preguntaría a los Moody, si tenían otra habitación disponible. No lo sabía, ni antes ni después pasé de la cocina hacia atrás.

Esa noche durante la cena le pregunte a Mrs. Moody si tenía otra habitación disponible, le conté sobre el muchacho. Me dijo que no. Yo me lo imaginaba, pero se me había ocurrido una idea, en mi cuarto cabía fácilmente otra camita individual como la mía. Yo estaba dispuesto a compartir la habitación a cambio de una rebaja en mi renta. Le propuse que me rebajara a mi dos libras esterlinas, quedaría pagándole tres libras a la semana, y el nuevo huésped le pagaría 6 Pounds, él tenía quien lo pudiera ayudar económicamente y yo no. En total estaría recibiendo nueve libras a la semana por la misma habitación, la diferencia era la comida y el agua adicional que pudiera gastar, las dos cosas eran sumamente baratas.

A Mrs. Moody le gustó la idea, me dijo que le llevara al huésped. Sin proponérmelo había convertido el favor que quise hacerle a aquel muchacho, en un buen negocio para mí, también para Frank era una gran diferencia entre lo que estaba pagando en el hotel, más las comidas.

Esa noche pasé un gran susto, de madrugada me despertó lo que pensé era un tiroteo, caí sentado de un golpe en el borde de la cama, desorientado por el súbito despertar, mi primer pensamiento fue buscar dónde esconderme, en cuestión de una fracción de segundo el "tiroteo" se hizo tan intenso, que me di cuenta que no había tal tiroteo. Era un aguacero enorme que había comenzado con unas gotas gruesas y dispersas, que fueron las que me hicieron pensar que se trataba de tiros, la acústica de un pequeño cuarto cerrado, con el bombardeo de agua daba una sensación aterradora para el que se despertara sin haber vivido antes esa experiencia. Nunca antes había dormido en un lugar donde el techo fuera de planchas de zinc, no podía imaginarme que un aguacero pudiera ocasionar aquel ruido. Mirando a mi alrededor noté dos goteras, una de ellas caía el pie de la cama, rodé la cama unas pulgadas, y en ese momento entendí porque habían dos cubos de metal recostados a la pared, un cubo para cada gotera, cada uno con un pedazo de una vieja frazada en el fondo, con el propósito evidente de amortiguar el ruido de las gotas al caer. Ya calmado, volví a acostarme y dormí plácidamente arrullado por el tintineo de las gotas sobre las planchas de zinc. De aquella noche en adelante me hubiera gustado que todas las noches lloviera, todavía hoy sigo pensando que no hay nada más sabroso que dormir bajo un techo de zinc durante un fuerte aguacero, pero sin goteras.

Al mediodía del día siguiente tocaba a la puerta Francisco Figueredo, prefería que le llamaran Frank. Lo hice pasar para enseñarle la habitación, todavía no estaba en ella la segunda cama, pero era fácil visualizarla, una cama contra una pared y la otra contra la pared de enfrente, un espacio entre las dos camitas suficiente para levantarse cómodamente. Frank estaba muy contento, era un ahorro sustancial para él. Llamé a Mrs. Moody y los presenté. Ella le dijo que serían seis libras a la semana, que a mi me había cobrado cinco como un favor al padre Connolly. Frank aceptó y esa misma tarde llegó en un taxi con sus dos maletas.

Si Frank estaba contento, mucho más contento estaba yo. Había asegurado casa y comida por un par de semanas más. Además, se me estaba ocurriendo que quizás yo podía dedicarme a eso, buscarle habitaciones a los recién llegados por una comisión. Le pregunté a Mrs. Moody si conocía los vecinos, y si sabía si tenían una habitación disponible, yo podía conseguir huéspedes por una comisión. Mrs. Moody no estaba segura si tenían una habitación disponible, pero que a las dos les hacía falta dinero, que seguramente estaban dispuestas a reducirse por ganar unas libras a la semana.

Se brindó a ir conmigo a la casa de al lado, fuimos y me recomendó a su vecina, yo había llegado a ella recomendado por el Padre Connolly. La señora no pensó ni dos minutos, enseguida me preguntó que cuando los podía traer, me enseñó la habitación que iba estar disponible, muy similar a la mía. Le dije que no sabía exactamente cuándo, pero que unos días yo pensaba que podía traerle el primer huésped.

Esa misma tarde me fui al Downtown, a vigilar la puerta de los dos bancos, el Royal Bank Canadá y el Nova Escocia, esperanzado en poder encontrar a alguien que le pudiera hacer el favor de abaratar su estancia en Jamaica. No tuve suerte, nadie salió o entró en los bancos con apariencia de cubanos, ya era tarde y los bancos estaban por cerrar. Regrese a la casa con la cabeza dándome vueltas, hasta que me di cuenta que la puerta a los Bancos no era el mejor lugar para contactar posibles huéspedes. Había encontrado a Frank de pura casualidad, pero me di cuenta que la mayoría de los cubanos, sobre todo los que yo quería encontrar, no necesitaban ir a ninguno de los dos bancos. El lugar ideal era el aeropuerto, en la salida de los pasajeros que llegaban de Cuba, lo puse mi agenda mental, al día siguiente estaría en el aeropuerto a la hora que llegaba el vuelo de Cuba.

Gerardo Chávez García

CAPÍTULO 14

Mi carrera de comisionista

Le pregunte al chofer de la guagua como llegar al aeropuerto, me dijo donde bajarme y qué ruta tomar. En poco más de media hora estaba al aeropuerto.

Al llegar al aeropuerto, poniendo el primer pie en la acera, vi el carrito del Padre Connolly, estaba estacionado delante de donde había parado la guagua, exactamente en el mismo lugar donde me recogió a mi unos días antes

El edificio del aeropuerto era muy pequeño, mucho menos de una cuadra de largo, mire de una punta a la otra y no vi al Padre Connolly. Me imaginé que estaba adentro del edificio, todavía era temprano y el vuelo de Cuba no había llegado.

Busqué el asiento más cercano a la salida de aduana, y esperé pacientemente a que llegara el vuelo. Durante la espera tuve tiempo de ir preparando en mi mente lo que le iba a decirle al primer prospecto que viera.

Llegó el vuelo. Comenzaron a salir los pasajeros, pensaría que mucho más de la mitad no eran cubanos. Algunos matrimonios muy elegantemente vestidos si parecían cubanos, venían con niños, estos no eran mis prospectos. Me tenía que concentrar en pasajeros que llegaban solos, y entre ellos, los que como yo unos días antes, lucieran asustados o desorientados, mirando para todos lados.

Al fin vi a un hombre que tenía las características que buscaba, aunque lucía bastante tranquilo, evidentemente tenía más de 50 años de edad, de mediana estatura, con un fino bigote tan negro como su pelo, su piel tostada con un ligero tono aceitunoso tenía visos de ascendencia mora. Estaba solo y llevaba elegantes maletas, temía que tuviera suficientes recursos como para no necesitar mi ayuda. Cuando salió a la acera me le acerqué, y ensaye por primera vez el plan que había trazado. Confirmé que era cubano, venía a Jamaica a buscar la residencia en Estados Unidos, no habiendo ya embajada en Cuba, Jamaica era una de las alternativas más baratas. Rafael venía con todos los documentos preparados para entregar en la embajada, reservación hecha en un hotel y pensaba que en 10 o 12 días tendría su residencia. Le dije que pensara en por lo menos un mes, y que si tenía bastante dinero, él no me necesitaba, pero si tenía que ahorrar, yo le podía conseguir una habitación, con todas las comidas incluidas, pagando por una semana lo que le costaría el hotel en un día.

Percibí que a Rafael le gustó la idea, a pesar que no quiso demostrar mucho entusiasmo, me imagino que tenía un lógico recelo sobre quien era yo. Me dijo que si eran sólo unos pocos días prefería quedarse en un hotel. Le di mi dirección y le dije que si cambiaba de opinión que fuera a verme, normalmente yo estaría en casa hasta poco después del mediodía, la hora en que tenía que salir para el aeropuerto para estar allí antes de la llegada del vuelo de Cuba.

Ya cuando me iba a despedir de Rafael deseándole buena suerte, se nos acercó el Padre Connolly, se dirigió a mí, y con una sonrisa me preguntó:

- ¿Que haces aquí?

Le contesté que estaba tratando de ayudar cubanos a conseguir una estancia económica, y de paso ganarme unos chelines. Me dijo que era una buena idea. Le pregunté si había llegado algún niño hoy, me comentó que en la lista de pasajeros no había ningún nombre que estuviera en la lista que ya tenía, y riéndose me dijo que no recogería a más nadie que no estuviera en esa lista. Dio la vuelta y se fue, no sin antes decirme:

-Te veo mañana aquí mismo. Buena suerte.

Rafael había estado muy atento a la conversación, su inglés era bastante mejor que el mío. Se había sorprendido que yo conociera a un cura en Jamaica. Yo le expliqué con todos los detalles como llegue a conocerlo. Como no vi a más ningún prospecto, le pregunté Rafael que si iba a tomar un taxi para ir al hotel, si me permitía regresar a la ciudad con él. Me dijo que con gusto, podía aprovechar el viaje para preguntarme más detalles sobre las habitaciones de las que le había hablado. Creo que la breve conversación con el Padre Connolly, lo había influenciado en pensar que yo no era un maleante, y que le estaba diciendo la verdad.

Una vez en el camino Rafael me preguntó que si podíamos ir a ver las habitaciones antes de ir a su hotel, le dimos la dirección al taxista y en 20 minutos estábamos frente a la vecina.

Rafael había sido administrador de un departamento de la tienda El Encanto en La Habana, no recuerdo cual. Hablaba pausadamente, y por su conversación se notaba que por un largo tiempo, había estado en contacto con personas de excelente educación.

Entramos a la casa de la vecina a ver la habitación, allí le expliqué a Rafael que el costo semanal era basado en dos personas en la habitación, que estaría solo hasta que apareciera otra persona para compartir la habitación, y que tendría la opción de rechazar a cualquier persona, con la condición de que debía de pagar algo menos que el doble, si deseaba permanecer solo.

Gerardo Chávez García

A Rafael no le agradó mucho la parte de compartir la habitación. Le expliqué que las comidas no serían en esa casa, estaban incluidas en el precio, pero serían en casa de Mrs. Moody, ella me había dicho que aceptaría cocinar para hasta seis personas. Las comidas incluidas siempre fue el factor determinante para conseguir mis clientes. Eso cerró el trato. Rafael no llegó al hotel, en el momento bajo sus maletas, y procedió a acomodarse en su nueva residencia.

Comenzaba a caer la tarde, ya no tendría tiempo de hacer otras gestiones. Tenía pendiente ir a buscar las traducciones, pasar por el hotel de Lecuona, saludarlos, ponerlos al tanto de mis avances, y asegurarles que todo me iba bien, me parecía que ellos estaban casi tan preocupados por mi situación como yo. Además tenía la esperanza de que tuvieran una carta de Miami para mí, el necesario contrato de trabajo. También quería pasar por el laboratorio, quizás hacerme los rayos X y los exámenes de sangre. Ya no me sentía tan presionado, parecía que cada día que pasaba se me reducían los gastos, o tenía un par de dólares más que el día anterior.

Decidí que era mejor aprovechar la tarde para comenzar a cumplir promesas hechas antes de salir de Cuba, escribirle a mi madre, con saludos para el resto de la familia, y a unos cuantos amigos cercanos, de éstos no me despedí, todos sabían que quería irme, y esto no representaba un peligro, el peligro era una indiscreción el día antes de salir, con cualquier pretexto y sin razón aparente los comunistas impedían la salida, por este motivo no me despendí de ninguno. También quería escribirle a una muchachita muy linda con la que hablaba con frecuencia durante los últimos meses en Cuba. Gilda estaría pensando que se me había olvidado escribirle.

Al día siguiente en la mañana, fui a visitar el laboratorio, quede sorprendido por la mala presencia del mismo, cada día me convencía más que todo en Jamaica era muy inferior a lo yo que había conocido en La Habana, excepto las guaguas.

Los cuartos mal pintados de colores oscuros, con algunos brochazos de otros tonos daban un aspecto de penumbra sucia, los escritorios, las mesas y las sillas mostrando claramente los muchos años de uso y abuso.

Memorias de Abuelo

Comencé por mostrar los documentos que me habían entregado en la embajada, me dieron un precio, no recuerdo cual, me pareció barato y decidí ya salir de este trámite.

No me imaginaba que la sorpresa mayor estaba aún por llegar, me pasaron un pequeño cuartico, allí me pusieron la consabida banda elástica en el brazo, sacaron un pedazo de algodón de un recipiente, le echaron un poco de alcohol, me lo pasaron por la vena, hasta ahí todo bastante bien. Cuando esperaba ver la jeringuilla, lo que vi fue un pequeño instrumento, parecía hecho de metal, de color negro, muy fino, de unas tres o cuatro pulgadas de largo que estaba sumergido en un recipiente que contenía algo que parecía agua, o en el mejor de los casos alcohol, tenía la forma de un angular que terminaba en una punta afilada. En vez de una jeringuilla utilizaban aquel instrumento para sacar la sangre. La punta afilada entraba en la vena, y se veía correr la sangre por el angular, en la otra punta del angular una probeta recogía la sangre. La experiencia no me resultó agradable, un poco más dolorosa que el pinchazo de una jeringuilla. Me pareció un procedimiento muy antiguo, tanto que nunca había oído hablar de nada similar.

El proceso de los rayos X, fue casi normal, con un equipo muy grande y viejo que crujía con grandes ruidos con cada movimiento, con rasguños y marcas de golpes, con falta de pintura, el óxido asomándose aquí o allá, pero a esas pequeñeces ya me estaba acostumbrando. .

Al pasar a pagar, la señora encargada de los cobros, que era la misma que había leído inicialmente mis documentos, entabló una agradable conversación conmigo. Se interesaba en el número de cubanos llegando a Jamaica, si todos necesitarían lo mismo yo, que si yo conocía a los que llegaban, que si era así me agradecería que les recomendara su institución, que como yo podía apreciar, sus precios eran muy razonables. A las personas que yo le llevará, les cobraría lo mismo que a mí. Muy humildemente le pregunté, si podía separarme unos pocos chelines para mis gastos en llevarle clientes, gustosamente me dijo que si, me daría unos chelines, no recuerdo cuantos, me parece recordar que un chelín era equivalente aproximadamente a unos 25 centavos de dólar por cada cliente que yo le llevara, me daría mi chelines mientras el paciente pasara a sacarse la sangre o hacerse los rayos X, nadie se enteraría, ¡¡Que discreta!!

Me despedí amablemente, no sin antes prometerle que en un par de días le llevaría clientes. Yo sabía que Rafael necesitaba los análisis y los rayos X.

Ya era hora de irme acercando al aeropuerto, llegué a tiempo recién aterrizaba el vuelo de la aerolínea KLM. Esperé pacientemente la salida de todos los pasajeros, no pude identificar a ninguno como un posible cliente, tampoco vi aquel día al padre Connolly, al parecer ya él llamaba al aeropuerto antes de dar el viaje para que le dieran la lista de pasajeros.

Un poco desilusionado por no haber encontrado un compañero de habitación para Rafael, me dirigí a la ciudad, hice un cambio de guagua para ir a recoger mis traducciones. Motivado por las comisiones en otras gestiones, le propuse a la traductora llevarle clientes, si me reservaba un par de chelines para mis gastos de transporte. Ella asintió sin pensarlo dos veces. Esto podía también ser una entrada de fondos adicional, modesta pero todo ayudaba. La mayoría de los que llegaban con sus documentos, no pensaban en la traducción hasta que se la pedían en la embajada, a mi nunca se me ocurrió que la iba necesitar, en la embajada en La Habana aceptaban todo en español.

Una vez concluida mi visita a la traductora, crucé la calle hacia el Melrose Hotel, fui al bar con la esperanza de encontrar a otro cubano allí, preferiblemente de Miami, pero estaba totalmente vacío, ni un solo parroquiano. Mire hacia la piscina y vi dos muchachas, con ropa de calle, bajo el techo de la terraza que rodeaba la piscina, caminando con pasos cortos, como paseando para matar el tiempo. Tenían pinta de cubanas, sobre todo la más bajita, la que resultó ser Mary, muy callada y actitud recelosa, diría que estaba sobre lo gordita, de pelo negro, ni bonita ni fea. Su acompañante, Lourdes, alta y de piel muy blanca, de ojos claros, hablaba con una sonrisa sincera en los labios, también de unos 21 o 22 años, pero por su carácter amigable, y su conversación sana, parecía un niña grande. Me les acerqué y me presenté, por supuesto eran cubanas. Habían llegado de Cuba el día antes, por separado, se habían conocido en el hotel solo unos minutos antes de que yo llegara, mientras hablábamos yo me preguntaba cómo es que no las había visto ayer en el aeropuerto, me imagino que yo habría estado hablando con Rafael cuando ellas salieron de aduanas.

La conversación enseguida se tornó alrededor de las gestiones para obtener la visa en la embajada, el mucho tiempo que tomaba, y el poco dinero que todos teníamos para pagar los gastos durante la espera. Les dije que les podía conseguir una habitación especial en una casa para ellas dos, de un costo muy económico y que incluía las comidas. Se mostraron muy interesadas, les di la dirección, las rutas a tomar y donde hacer el cambio, me prometieron que a la mañana siguiente irían por allá.

Al final, parecía que el día no había sido una pérdida total. Lo más importante era que me había dado cuenta que otra vez estaba equivocado, el lugar ideal para buscar clientes, no era en la puerta de los bancos, pero tampoco era el aeropuerto, el lugar ideal eran los hoteles, ya la persona estaba descansada, consciente de lo que le iba a costar un hotel, no con la ansiedad y la actitud defensiva que lógicamente teníamos todos al salir de aduanas.

Gerardo Chávez García

Hotel Melrose, los habían mucho mas modestos en Kingston de 1961. Después de un par de semanas me trataban como sí yo hubiera sido un huésped mas.

En la piscina del Melrose.
Yo no podía quedar elegante en todas las fotos.
La cámara no espero a que yo saltara del trampolín.

CAPÍTULO 15

Mrs. Moody's first six

Todo marchaba bien, al final de mi primera semana en Kingston, sentía que mis gestiones habían sido exitosas, con mis comisiones podía pagar el total de mis gastos semanales, y me sobraba algo.

Mary y Lourdes quedaron encantadas con la habitación que les conseguí frente por frente a la casa de Mrs. Moody, sólo tenían que atravesar la polvorienta calle tres veces al día, desayuno, almuerzo y comida. Muy contentas con el ahorro sustancial que significaba pagar en una semana lo que le costaría un solo día en el Melrose. Ya se sentían preparadas para una larga estancia si era necesario, estaban ansiosas de comunicarles a sus familiares en Estados Unidos, los que las ayudaban económicamente, que habían podido reducir sus gastos.

Mary recién casada, hacía poco más de un mes, su esposo había ido a Cuba a casarse con ella en diciembre pasado. Una semana después volvió a Orlando (me resultó simpático saber que había una ciudad en Estados Unidos llamada así) en el centro de la Florida, allí trabajaba en una lechería. No se habían visto más después de la boda. A principios de febrero, una tarde después de almuerzo, apareció un taxi frente al portal donde yo estaba leyendo el periódico, un hombre joven se bajó del taxi, era el esposo de Mary que había ido a visitarla de sorpresa por un solo día, tenía que regresar a Orlando al día siguiente para no perder el trabajo.

Lourdes (la llamábamos Lulú) soltera, según decía, no había dejado novio en Cuba, siempre me pareció que tenía al menos un amigo en Miami, recibía correspondencia de la Florida dos veces al día. Todos habían dado la dirección de la casa de Mrs. Moody para recibir correspondencia, así si alguien tenía que mudarse por cualquier motivo, por ejemplo a Miami, los que quedaban atrás podían enviárselas a la nueva dirección. Y sí, al fin, ya yo había encontrado la segunda cosa que era mejor en Jamaica que en Cuba, y hasta mejor que en Estados Unidos, el correo era muy eficiente, el cartero pasaba temprano en la mañana, y luego una segunda vez a media tarde. Cuando al fin llegué a Miami, me desilusione un poco con el correo, el cartero sólo pasaba una vez al día.

Estaba casi seguro que antes de cumplir mi primera semana en Jamaica, completaría "mis primeros seis" como nos llamaba Mrs. Moody. Así fue, apareció Jorge, un hombre de unos 30 y tantos años, bajito, delgado, de piel muy blanca y colorada, no tenía aspecto de cubano con su pelo rubio, muy corto y encaracolado. Hablaba muy bien el inglés, había trabajado por años en la aduana de La Habana, muy cortés, muy serio, el compañero de cuarto ideal para Rafael. Me parece que lo encontré también en el bar del Melrose, pero no estoy seguro, tengo ese recuerdo muy borroso, como tantos otros.

Los seis nos reuníamos en el comedor de Mrs. Moody tres veces al día, allí disfrutábamos de las exquisiteces que nos preparaba Mrs. Moody, era siempre lo mismo, no había sorpresas. Un desayuno fuerte, constaba del mismo Corn Flakes todos los días, las dos rebanadas de pan blanco, eso sí, siempre acompañadas de mermelada de uva, una media toronja para cada uno, y el café con leche evaporada completaba desayuno.

De izquierda a derecha: Al frente Lulú y Mari. Detrás Rafael, Mrs. Moody, Jorge, Frank y éste abuelo.

El almuerzo era muy similar, cambiaba la media toronja por dos lascas de mortadella, el resto más o menos lo mismo. En la noche la comida siempre incluía arroz blanco, cocinado con manteca de coco, esto le daba un sabor muy peculiar, bastante repugnante. Acompañaba al arroz un potaje de frijoles blancos, muy seco, sin líquido. Papas hervidas, y una jarra de agua que le echaba un polvo rojo, tipo Kool Aid, completaban la cena. Casi que exactamente el mismo menú todos los días, muy ligeros cambios que, cuando sucedían levantaban comentarios de aprobación y agradecimiento de todos nosotros, sin llegar a los aplausos.

Después que llevé a cada uno de ellos al laboratorio y los rayos X, gestioné sus traducciones. Entregando sus documentos en la embajada, no les quedaba nada por hacer, sólo esperar que les llegara el turno de su entrevista final. Mis cinco huéspedes contentos y pacientes, era cuestión de dos o tres semanas de espera.

Gerardo Chávez García

El único que no estaba en ese plano era yo. Lo tenía todo menos el contrato de trabajo, estaba seguro que si hubiera llegado una carta al hotel de Lecuona, ellos me la hubieran llevado, ya había perdido las esperanzas de que aquel político que conocí mi segundo día en Jamaica, iba a cumplir su ofrecimiento. Yo con todos los que hablaba, a todos los que les escribía, les contaba que me faltaba ese documento. Pasaban los días y no se me ocurría que más hacer para obtener el contrato de trabajo, pero no estaba muy preocupado, sabía que por alguna vía lo conseguiría, mientras tanto, las pequeñas comisiones que recibía aumentaban mi capital, y por tanto aumentaba también mi capacidad de sobrevivir el tiempo que fuera necesario.

La vecina del otro lado inmediato de la casa me suplicaba que le consiguiera dos huéspedes, pero el problema era que no quería ofrecer las comidas, y Mrs. Moody ya estaba satisfecha con sus "primeros seis". Yo no fui más al aeropuerto, pero sí iba casi todos los días al Melrose, más que nada con el propósito de hacer contacto con alguien de Miami que estuviera visitando algún recién llegado, y que me pudiera ayudar con el contrato de trabajo, casi todos los días conversaba con algún cubano o cubana que acababa de llegar. A todos les ofrecía la habitación que tenía la vecina disponible, pero les advertía que en la zona no había muchos lugares decentes donde comer, tendría que tomar la guagua a algún lugar dos o tres veces al día. Con esas condiciones no resultaba tan apetecible mudarse a Vineyard Town.

Dos o tres días después conocí en el Melrose a dos hermanas treintonas, tenían una necesidad urgente de reducir sus gastos, dispuestas a comprar las cosas necesarias para dos o tres comidas frías al día, y con tiempo negociar el uso de la cocina para calentar algo. Fuimos juntos en la guagua a ver la habitación, quedaron contentas y cerraron el trato con la vecina, incluyendo el uso del pequeñísimo refrigerador de la casa. La renta sería una cantidad mucho más pequeña de lo que pagaban los otros huéspedes, a mi sólo me tocaban unos chelines a la semana, pero me interesaba más ayudar a aquellas muchachas que los pocos chelines que yo pudiera ganar.

Nosotros seis buscábamos formas de pasar los días, si uno recibía un money order o transferencia bancaria, los otros cinco lo acompañábamos al Downtown para la gestión de cobro. Aprovechamos el viaje para caminar las aceras, ver lo poco de importancia que tenían las vidrieras, admirar al policía de tránsito en su mecánico trabajo, nos llegábamos al mercado donde hacían y vendían los sombreros y otros souvenirs para los turistas, que no eran muchos, los llevaban en guaguitas desde sus hoteles, y minutos después los llevaban a otros sitios.

De izquierda a derecha, Mari, el abuelo y Lulú. No recuerdo el lugar de la foto, tal vez en el Hotel Melrose.

En otras ocasiones Mrs. Moody nos preparaba unos panes con mortadella para el almuerzo, y nos íbamos el grupo entero al Jardín Botánico, a subir a la montaña que estaba detrás de la casa, o algún otro invento para pasar el día. Una noche Milton me invito a ir a un juego de fútbol, acepté por no rechazar su cortesía, pero como nunca había visto ese juego, lamentablemente, me quedé dormido a los 15 minutos sin saber lo que estaba pasando, me despertaba solo cuando

Milton se emocionaba dando gritos por alguna jugada misteriosa para mí.

La mayoría de las noches creo que todos las pasábamos releyendo las cartas que recibíamos, y contestando cada una de ellas. Algunas noches íbamos al cine, era extremadamente barato, no tenía aire acondicionado, cómo iba a tenerlo, si no tenía techo, sólo unos ventiladores. En aquella sala cinematográfica además de las películas pasaban una especie de noticiero, como los que hoy vemos en TV. Una noche pasaron la toma de posesión del Presidente Kennedy, me pareció muy bonita la toma de posesión, todo cubierto de nieve. Durante el discurso que yo apenas entendía, me dediqué a observar las imágenes de un invierno en Washington, en aquel momento yo no podía ni siquiera imaginarme lo mucho que yo llegaría a detestar al nuevo presidente.

Para mi ir al cine era otra forma de tratar de mejorar mi inglés, cuando terminaba la función yo tenía una idea más o menos cierta de lo que había tratado la película. Entre las películas, el periódico y los Moody seguía mejorando mi entendimiento de la lengua difícil.

Cuando ya habían pasado unos días, principios de febrero, no tengo una idea exacta de la fecha, recibí la noticia, y tampoco recuerdo como o quien me la dio, que estaban en Kingston María Regina Cubría, la madre de Inita, y Caridad Ortega.

Me alegró mucho la noticia, eran las primeras personas de San Antonio que iba a ver en más de tres semanas. Me imagino que con la noticia me deben de haber dado la dirección donde se estaban quedando. Allí fui, era un hotel de mucha más categoría que el Melrose, al llegar me encontré a su esposo Enrique, él había acabado de llegar de Miami con la intención de ayudarlas a agilizar las gestiones en la embajada americana. Evidentemente Enrique disponía de dinero algo abundante, además del hotel de lujo, que creo que costaba como $25 diarios, tenía un automóvil grande rentado, con el carro se fueron a conocer Montego Bay, al otro extremo de la isla, por allá estuvieron un fin de semana.

Enrique me había preguntado por las gestiones que yo había hecho hasta ese momento, donde me estaba quedando y todo lo relacionado con mi estancia en Jamaica y la visa. Me dijo que estaba absolutamente seguro que podía solucionar todos los trámites en la embajada en dos o tres días. Al cabo de como una semana se convenció de que no iba a ser así, fue por Vineyard Town, a sólo cuadra y media de donde yo vivía, encontró una casa que estaban rentando, cerró el trato y Enrique regresó a Miami.

A la casa se mudaron María Regina, Caridad Ortega, y la esposa de Jorge Remedios (hijo del ex Representante Benito Remedios), no recuerdo su nombre, era una mujer muy bonita, había sido Miss Cuba hacía cinco o seis años atrás. También acababan de llegar Nivaldo Capote y su familia, también encontraron casa en la misma cuadra, en la acera del frente de la de los Cubría y compañía.

Pasaron unos días, ya me estaba empezando a preocupar por no tener el contrato de trabajo. Una mañana el cartero me entrego lo que ya era un paquete de cartas diarias para el grupo entero, me extrañó que entre ellas había una carta para mi de Miami, el remitente era Juan Pío Fajardo, yo conocía a Pío de San Antonio, quien no iba a conocer a Pío en San Antonio, un mulato claro, de casi 60 años, él era uno de los tres fotógrafos profesionales con su estudio en el pueblo. Además Pio era sastre y decía él que era músico, tanto lo dijo que se lo creyeron y lo nombraron director de la Banda Municipal de Música, donde también se hacía como el que soplaba el trombón de vara, dándole a la vara para atrás y para adelante mientras inflaba las mejillas. Nunca tuve una amistad estrecha con él, hacia uno o dos años que se había ido de San Antonio, yo no había sabido más de él, me intrigó la carta, la abrí y recibí la sorpresa de mi vida, un contrato de trabajo del Café Estrella, en Miami, firmada por su dueño Luis Díaz García, yo reconocí el nombre, pero no había visto a Luis nunca en mi vida. No había ni una nota más en el sobre, sólo lacara que representaba el contrato de trabajo. De inmediato fui al cuarto a recoger mis otros documentos y los rayos X, y me fui a la embajada a toda velocidad. Ahora era sólo esperar, habían pasado ya más de tres semanas de mi llegada a Jamaica.

Gerardo Chávez García

Mis cinco compañeros se pusieron muy contentos cuando les di la noticia, yo era el único que quedaba por completar las gestiones, ellos ya habían comenzado a hacer gestiones individuales por su parte para conseguirme el contrato. Esto había que celebrarlo, y Lulú que era muy entusiasta, enseguida se le ocurrió hacer un arroz con pollo al día siguiente.

La dificultad principal no era conseguir los pollos y todo lo demás, el problema más grande era que ni ella, ni ninguno de nosotros sabíamos cocinar, ni arroz con pollo, ni nada. Decidieron que entre ella y Mary iban tratar de hacerlo. Cada uno de nosotros pusimos algo para la compra de lo necesario, Lulú invito a Mrs. Moody, a Milton y a Theresa, ese día ellos se debían de bañar. No era un evento diario, para Mrs. Moody era semanal, el día que ella se bañaba, no se podía entrar en el baño hasta horas después, el olor a grajo agrio que quedaba en el ambiente por mucho rato, era insoportable, Frank y yo esperábamos hasta la media noche para entrar al baño. Recuerdo que al segundo día de estar en su casa me dijo que bañarme dos días seguidos me podía ocasionar una enfermedad.

El arroz con pollo, no fue ninguna exquisitez, muy bueno si lo comparábamos con la rutina de todos los días, para los Moody no resultó nada extraordinario. Para las dos hermanas vecinas, las que no hay forma que me pueda acordar de sus nombres, y que también fueron invitadas, les resulto delicioso, comiendo frío casi todos los días, cualquier cosa resultaba delicioso. En general la pasamos muy bien unas cervezas, mucha conversación, risas y alegría en la primera y única fiesta que celebramos en Jamaica.

CAPÍTULO 16

Adiós Jamaica

Siguieron pasando los días, en la misma rutina, esperar al cartero, escuchar las estaciones de radio de Cuba, o dar algún paseíto. En una visita al Downtown me quedé sorprendido al ver la cantidad de cubanos que caminaban por las aceras, algunos solos, otros en grupitos de dos, tres o cuatro personas. Conversé con varios, todos habían acabado de llegar hacía sólo unos días. Ayudé a los que tenían dudas o preguntas, pero en realidad no tenía nada que ofrecerles, ninguno de mis huéspedes había recibido la aprobación de sus visas, ninguno se iba pronto, por tanto no tenía habitaciones disponibles para hacerles la estancia más económica.

Ya había cumplido un mes en Kingston, era hora de buscar un barbero, fui a uno que me recomendó Milton, era cerca de Vineyard Town, muy modesta su barbería, y enseguida me pidió que le recomendara a otros cubanos, estuve tentado a pedir una comisión, pero era tan barato lo que cobraban que me dio pena pedirle unos pocos Pences.

Gerardo Chávez García

Todo seguía bien, creo que como a las 5 semanas de estar yo en Jamaica fue Rafael quien obtuvo la aprobación de su residencia después de un par de entrevistas. Al día siguiente gestionó su vuelo a Miami y se marchó. Me parece que el mismo día Jorge consiguió un nuevo compañero de cuarto, había conocido a alguien que se estaba quedando en un hotel y le había prometido que en cuanto uno de nosotros se fuera le avisaría.

Ya también la muchachitas y Jorge habían tenido entrevistas previas a la aprobación, a mi todavía no me avisaban, pero era lógico yo había entregado mis documentos muchos días después que ellos. Era cuestión de paciencia, en dos o tres semanas estaría todo listo.

A los dos o tres días de haberse marchado Rafael, Frank también voló, no recuerdo si alguien más se había ido. Mientras yo estaba escuchando la radio de Cuba en el portal de la casa, se apareció de repente el carro del Padre Connolly, en cuanto dio dos pasos hacia la casa noté que no tenía su sonrisa habitual, estaba serio parecía preocupado. Se me acercó y me dijo:

--El Departamento de Inmigración me fue visitar, el motivo de la visita era que querían hablar contigo, y pensaban que yo sabía dónde tú estabas. Les contesté que no estaba seguro porque hacía dos o tres semanas que no te había visto, que quizás te habías ido a Estados Unidos, que trataría de localizarte y les avisaría. Y mi pregunta a ti es: ¿Que has hecho para que te estén buscando?

No me costó ningún trabajo que el Padre Connolly me creyera, yo no había hecho nada malo, no tenía ningún problema, yo no sabía por qué me buscaban. Entre los dos tratamos de adivinar que podía estar pasando, no se nos ocurría nada. El padre Connolly me decía que estaba en la obligación de llamarlos y decirles que me había visto, y si le preguntaban decirles donde estaba viviendo. Quedamos en que él trataría de averiguar los motivos por los que me buscaban, y los dos estuvimos de acuerdo que eventualmente, tendría que enfrentar al Departamento de Inmigración.

Al día siguiente el Padre Connolly llamó a Mrs. Moody y le pidió que me dijera que yo fuera a verlo esa tarde, que no hablaba conmigo en ese momento porque nos costaba trabajo entendernos por teléfono, lo cual era cierto.

Al llegar a su oficina enseguida me hizo pasar, y sin más preámbulos me dijo:

--Te quieren deportar.

La noticia me puso corazón en la boca, yo no había hecho nada malo por qué me iban a deportar. El Padre Connolly, me explicó que la visa turística que yo tenía era por 30 días, y ya había excedido ese tiempo. Que tenía dos opciones, regresar a Cuba o ser deportado a Haití. Yo le dije que yo entendía la primera opción, yo era cubano, y había venido de Cuba. Pero por que la otra opción, yo nunca había estado Haití, ni tenía visa para Haití, si me iban a deportar a un país del cual yo no tenía visa, porque no me deportaban a Estados Unidos y se acababa el problema.

La razón por lo que la segunda opción era deportarme Haití nunca la supe, no fue hasta hace muy poco tiempo que pude deducir porque a Haití. El caso es que una gran parte de los cubanos que llegaban a Jamaica, llegaban en el vuelo de KLM que continuaba hacia Haití, el pasaje que esos cubanos tenían era Habana, Kingston, Puerto Príncipe. Sencillamente lo hacían porque no podían obtener la visa de Jamaica, y Haití no les exigía visa a los cubanos, por tanto sacaban el pasaje con escala en Jamaica y allí se quedaban. Me imagino que el departamento de inmigración pensaba que yo tenía un pasaje que terminaba en Haití, y esa era la razón para la segunda opción de deportación.

Yo le expliqué al Padre Connolly que ya mis documentos estaban en regla, ya los había entregado en la embajada, que yo esperaba que en dos semanas, quizás tres, ya pudiera salir hacia Miami. Le mostré copias de los documentos entregados en la embajada y los recibos de haberlos entregado. Él me dijo que veía lógico que inmigración me diera dos semanas más, y que pensaba que él podía persuadirlos para esa extensión de mi estancia en Jamaica.

La gestión del Padre Connolly dio resultado a medias, le dijeron que iban a esperar una semana, que si al cabo de la misma ya tenía fecha de salida, esperarían unos días más a que me fuera, pero sin una semana todavía no tenía la fecha cierta para salir de Jamaica tendrían que deportarme. Le dijeron que yo debía de llamar a Inmigración en una semana para reportarme, y dar la fecha de salida a Miami, él les contestó que él se hacía responsable de llamarlos en una semana y darles la información, que para mi era más difícil por la dificultad en el inglés, esto era muy cierto, a la población en general me costaba mucho trabajo entenderla. Y yo hubiera podido añadir que además, yo no tenía ningún deseo de entrevistarme con ellos, me podían ocasionar malestares estomacales.

Pasó la semana y yo seguía sin saber cuándo me iban a aprobar mi residencia, pero si tenía una gran noticia que darle al Padre Connolly, ya tenía fecha cercana, algo así como dos o tres días, para la última entrevista en la embajada donde se suponía que me dieran los documentos de residencia. Con esa información el Padre Connolly se sentía seguro de que iba a poder posponer la deportación hasta el día de la entrevista. Y así fue, llegó el día de la entrevista, fue casi automático, no volví a ver al cónsul que me había visto tres veces antes, simplemente me dieron los documentos, incluyendo hasta los rayos X, y un documento que me permitiría abordar el avión y entrar en Miami.

De allí salí directamente a la agencia de pasajes, KLM no tenía vuelos a Miami por los próximos 2 o 3 días, y yo no quería esperar, no dejaba de ser un riesgo seguir en Jamaica con la amenaza de deportación a Cuba o a Haití. Cambié el ticket que tenía de KLM de regreso a Cuba, por un pasaje a Miami por BOAC, que volaba esa tarde a Miami con escala en Gran Caimán, no tenía tiempo que perder si quería irme en ese vuelo, tenía que regresar a la casa con el tiempo muy estrecho para recoger mi cosas, despedirme de todos, y salir a toda prisa para el aeropuerto.

No pude despedirme de todos, lo cual sentí y todavía siento no haberlo hecho, hoy pienso que debí de haber corrido el riesgo de quedarme un día más, para poder despedirme debidamente de todos los que quedaban, mantener los contactos con los que me acompañaron en aquellos dos meses, pero no lo hice. Le pedí a Mrs. Moody, que llamara al Padre Connolly y le dijera que yo me había ido, que sentía no haberme despedido de él personalmente y que le agradecería para siempre todo lo que había hecho por mi.

Como cuando salí de Cuba, lo que pasó en las últimas horas se volvió una nube en mi memoria, se me olvidó todo, no puedo recordar ni quienes quedaban en Vineyard Town. En mi angustia por irme, olvide pedirle a los que quedaban la forma de hacer contacto con ellos una vez que estuvieran en Miami, yo no tenía ninguna información mía que darles, no sabía dónde iba estar esa noche, ni las siguientes. Sólo me llevaba conmigo la dirección de Mrs. Moody, y el teléfono que tendría Lulú en Miami, ella con mucha anticipación se lo había dado a todos. En este momento no puedo recordar si ella era la única que quedaba allí cuando tomé el taxi que me llevaría al aeropuerto.

¡Adiós Jamaica!

Gerardo Chávez García

CAPÍTULO 17

Aló Miami

El vuelo de la BOAC, después de una escala en Gran Caimán, ya se acercaba a Miami, se había hecho de noche, por la ventanilla de mi asiento comenzaba a ver pequeñas luces en la lejanía, lo que parecían estrellas en un cielo oscuro, aparecían lejanas debajo del avión, no arriba, parecía como si estuviera viendo un cielo estrellado parado de cabeza. Sentía que el avión iba bajando, se escuchó al piloto por los amplificadores, me imagino que dando información o instrucciones, no le entendí ni una sola palabra.

Aterrizamos sin problemas, yo podía ver por la ventanilla que el avión se acercaba a una especie de puerta abierta, más o menos a la altura del avión, me imaginé que por allí entraríamos al aeropuerto. Unos segundos después no vi más la puerta, el avión paró firme y comenzaron a descender los pasajeros, cuando llegó mi turno, al pasar del avión a la puerta abierta, sentí un aire fuerte y frío, tan frío como nunca antes lo había sentido en mi corta vida. Me di cuenta que la boca del pasillo no se ajustaba exactamente a la curvatura del avión, por eso

Gerardo Chávez García

pasaba el aire de un lado a otro, me acordé de las viejitas en Cuba, siempre nos recomendaban evitar los cambios de temperatura, recuerdo la gente salir del cine con un pañuelo en la boca, para evitar "coger una pulmonía" por respirar la frialdad de la noche. Si aquello hubiese sido verdad, los 50 o 60 pasajeros que venían en el avión tendríamos que ir directamente para el hospital.

Llegué con bastante nerviosismo a lo que seguramente era el Departamento de Inmigración, hacia allí me habían ido dirigiendo todos los funcionarios que me detenían para que les mostrara mis documentos. Llegué un a una especie de escritorio alto, me daba casi al cuello, volví a mostrar mis documentos, el oficial que me atendió los miró con detenimiento, le puso una serie de cuños, se viró hacia mi como para asegurarse de que mi cara era la que aparecía en la foto, y con una amplia sonrisa me dijo: Welcome home!

Para mi la frase fue un gran alivio, me venía a la mente el rechazo al tratar de salir del aeropuerto de Jamaica, seguía pensando que algo podría salir mal, aun sabiendo que todo estaba bien. Le respondí: Thank you, thank you, y levanté mi mano con el enorme sobre dónde estaban mis rayos X, lo venía arrastrando desde Jamaica, pensando que si me los pedían y no los enseñaba me podían impedir la entrada al país, me dijo algo con cara de extrañado, yo lo interpreté como que no lo necesitaba, le señalé a un latón de basura, y me asintió con la cabeza, allí me despedí de mis rayos X antes de continuar camino por los pasillos que me llevarían a recoger mi gusano y mi maleta. Me imagino que en aduanas los trámites deben de haber sido similares, si tuve alguna dificultada no lo recuerdo.

Lo que sí tengo impregnado en mi memoria, es la salida a la acera donde se toman los taxis, recuerdo el lugar muy parecido, si es que no es exactamente el mismo, por donde hoy se sale del aeropuerto viniendo en vuelos internacionales. Allí me volvió a golpear el frío, aunque el viento era mucho menos cortante, yo viajaba elegantemente vestido con mi trajecito azul oscuro, casi negro, de una tela algo gruesa que me abrigaba bastante, ya después de haber pasado el factor sorpresa al bajar del avión, no era tan insoportable el frío.

Me detuve a mirar a mis alrededores, recosté mi equipaje a una de las gruesas columnas circulares que estaba a ambos lados de la puerta de salida, eran enormes, al menos tres pies de diámetro, estaban totalmente cubiertas de pequeñas losas o azulejos de cerámica, muy brillosos, en varios tonos de azul. Las recuerdo tan claramente porque, durante décadas cada vez que iba al aeropuerto, y pasaba por su lado las miraba con una mezcla de cariño, nostalgia, y hasta de miedo recordando aquella noche de marzo de 1961. Cada vez que paso por el lugar siempre busco las columnas, aun sabiendo que ya no están allí, hace unos 10 años note su falta por primera vez.

También me recosté yo a la columna, me decía a mi mismo: Bueno, ya estoy en Miami, ¿y ahora qué hago? Con anterioridad sólo había estado en cuatro aeropuertos, en todos al salir a la acera se veía una calle que al final se transformaba en una carretera, se veía el campo o edificios. No era así en Miami, me daba la impresión que estaba en un sótano muy grande, tan grande que no veía las paredes, a donde me llegaba la vista, era todo oscuridad. No alcanzaba a ver por donde se entraba, ni por donde se salía de allí, ¿En qué dirección estaría la ciudad? Con esa impresión me di cuenta que caminar con una maleta y un gusano que pensaba más de 50 libras no era una opción. Ninguna de estas impresiones las recibe quienes llegan y alguien los espera, ni quienes llegan con un plan bien definido y un lugar exacto a donde dirigirse, pero en mi circunstancias, estaba totalmente desorientado.

Decidí tomarlo con calma, no tenía prisa, debía pensar antes de tomar cualquier decisión, seguía observándolo todo a mi alrededor, salían muy pocas personas de aduanas, muy poco tráfico de automóviles frente donde yo estaba, en 1961 el aeropuerto de Miami no era lo que es hoy, sobre todo alrededor de las nueve de la noche, lucía desierto, oscuro en las afueras.

Yo tenía una sola dirección adonde dirigirme en Miami, era donde vivía Enrique Cubría con sus hijos. Estaba pensando que esa era mi mejor solución, tomar un taxi y pedirle que me llevara esa dirección. Seguía considerando esa opción como la mejor, aunque tenía mis dudas, no sabía a qué distancia estaría del aeropuerto, no sabía cuánto me podía costar el taxi, no es que no tuviera dinero para pagarlo, tenía algunos dólares, era que no quería gastarlos. Pensaba que también era una posibilidad volver entrar, y pedirle consejo algún empleado del aeropuerto, me imaginaba que ellos sabrían cuál era la opción más barata.

Cuando había decidido entrar a pedir consejo, salía un muchacho como yo con una maleta, de aproximadamente mi misma edad, quizás dos o tres años mayor que yo, se dirigió a mi y me preguntó si hablaba español, quería saber si allí era donde se tomaban los taxis, le dije que los veía pasar con frecuencia, que seguramente allí mismo podía tomar uno. Le pregunté si era cubano, y no, era centroamericano, no recuerdo de qué país, era la primera vez que veía a un centroamericano, le pregunté que a dónde iba, me contestó que aún edificio en el centro de la ciudad donde vivían unos amigos de él. Siguiendo con mis preguntas la próxima fue si sabía si en el edificio donde vivían sus amigos había habitaciones disponibles, me dijo que él creía que sí. Me mostró la dirección que tenía escrita en un papel, por supuesto para mi no significó nada, yo le mostré la dirección que yo tenía, tampoco para el significaba nada. Le pregunté si le parecía una buena idea, preguntarle al taxista si las direcciones estaban cerca una de la otra, si era así, podíamos compartir los costos del taxi. Le gustó la idea y decidimos hacerlo esa manera.

Le hicimos señales a un taxi que se aproximaba, me tocó a mi hacerle las preguntas al taxista, el muchacho no hablaba una sola palabra en inglés. Le mostré las dos direcciones, me dijo que mi dirección estaba a sólo unos 15 minutos del aeropuerto, que la de la del centro de la ciudad estaba a más de media hora, que no estaban exactamente en la misma dirección, pero que el desvío era muy poco. Le dije al muchacho que quería ir a mi dirección primero, en caso de que no encontrara nadie, seguiría con él hasta donde vivían sus amigos, si encontraba a alguien en la dirección que yo tenía, yo pagaría el taxi hasta allí y el seguiría su viaje. Así lo hicimos.

Hoy sé que el taxista fue por la Avenida 42 hasta Flagler. Esas cuadras de LeJeune, desde el aeropuerto hasta Flagler, no son ni remotamente lo que son hoy. No había edificios de importancia, todos los espacios, a ambos lados de la calle eran negocios de ventas de autos usados, cada uno de ellos con una muy pequeña casita o estructura que hacía las veces de oficina, cada lote un con una infinidad de guirnaldas eléctricas, llenas de bombillos que daban una luz muy blanca, viniendo de la penumbra nocturna de Kingston, me deslumbraba tanta claridad en medio de la noche. La intensidad de la luz sobre los autos, los hacían lucir resplandecientes, era tanta la luz que iluminaban toda la avenida. Rápidamente llegue a la colusión que la electricidad tenia que se muy barata en Estados Unidos. La otra conclusión era que me iba a poder comprar un carro muy pronto, veía letreros en los parabrisas desde $100, los más hermosos no más de $900.

También hoy sé que el taxista dobló la derecha en Flagler, se acabó el exceso de luz, Flagler estaba en la penumbra de unos bombillitos pequeños y amarillentos, avanzamos unas ocho o diez cuadras durante las cuales sólo había un comercio abierto, una estación de gasolina muy antigua, anunciando el galón de combustible a $0.21, fuimos hasta la 52 Court, una izquierda y entramos en una cuadra bastante oscura, era larga, hacia una curva en ángulo recto hacia la derecha, donde la calle se convertía en la 3 Street del SW. Algunas casas con una luz en el portal, el taxista iba mirando los números de las casas, de pronto frenó, se viró para mi y me dijo: Esa es la casa. Estábamos frente al 5250 S.W. 3 Street. El portal y la casa entera estaban totalmente oscuros, diferentes a las otras casas en que tenía la hierba del frente alta, muy descuidada, parecía una casa desocupada. Me bajé y toque a la puerta, no hubo respuesta, aun en la oscuridad pude notar tela de arañas en el marco de la puerta, estuve seguro que allí no vivía nadie. Volví al taxi y le dije al muchacho que seguiría el viaje con él. El taxista dio una vuelta para salir por donde habíamos entrado al reparto, yo había estado todo el viaje mirando hacia fuera, tratando de orientarme o por lo menos aprender algo de la ciudad. Ya casi saliendo de regreso a Flagler, en una casa a mi derecha, en el 51 S.W. 52 Court, vi una muchacha sentada en un sillón cubano, leyendo una revista. Le grité al taxista:

--Para, para aquí.

Bajé la ventanilla, asomé la cabeza fuera del carro, y grité:

--Inita, Inita.

Gerardo Chávez García

La muchacha del sillón contestó:

--Si, si, ¿quién es?

Para mi aquello fue suficiente, me bajé del taxi, me acerque a la casa y pude reasegurarme que era Inita. Regrese al taxi, me despedí del muchacho deseándole mucha suerte, le di el dinero que marcaba el metro hasta allí, me parece recordar que eran unos dos o tres dólares, le pedí al taxista que lo llevara hasta la otra dirección. Sentí tremendo alivio, todavía no sabía dónde, pero ya estaba seguro que iba a pasar la noche bajo techo.

Mi memoria para los nombres y hechos recientes no es buena, pero para recordar lugares sigue siendo excelente. Debo hacer una aclaración, no es que recuerde los números de las casas y las direcciones que mencioné arriba, es que mientras escribía este capítulo decidir pasar por allí para asegurarme de mis recuerdos, tome nota de los números de las casas. Efectivamente, las dos casas están exactamente como las recuerdo, en una, la misma ventana a través de la cual recuerdo haber visto a mi primer cardenal, hoy tiene partes del jardín con espacios cementados para estacionar automóviles, la otra casa, la que fue de Ángel Fleitas, con exactamente el mismo portal que recordaba, sólo le faltaba el sillón.

Para Inita fue una sorpresa muy grande verme, ella sabía que yo estaba en Jamaica, pero no sabía que ya había obtenido mi documentación para viajar. Enseguida me preguntó cómo es que yo sabía que ella estaba en casa de Ángel Fleitas, le respondí que yo todavía no sabía que esa era la casa de Fleitas, y tampoco sabía quién era Fleitas, lo único que sabía era que creía haberla visto sentada en un sillón en el portal de una casa. Estaba tan asombrada como yo, era verdaderamente increíble que la hubiera visto, podía haber pasado tantas cosas para yo no haberme enterado que ella estaba en esa casa, la más simple, si yo hubiera estado viajando en el taxi en el asiento de la izquierda, hubiera estado mirando al otro lado de la calle y no la hubiera visto, ella acababa de salir al portal con la intención de estar tan sólo unos minutos, el frío era intenso, si ella hubiera entrado a la casa porque le hubiera estado molestando el frío, tampoco la hubiera visto. Ella estaba en esa casa casi todas las noches, se quedaba allí con su hermano, desde que salían de la escuela hasta que llegaba Enrique a recogerlos, de esa manera no estaban en su casa solos.

Un poco más tarde llegó Enrique y nos fuimos a su casa, que era exactamente la misma donde yo había tocado a la puerta hacía un par de horas. Me explicaron que la casa estaba sola todo el día, el padre los dejaba en la escuela en la mañana y no regresaba hasta por la noche, nadie se ocupaba de la limpieza, mucho menos de cortar la hierba.

Al llegar a la casa me pasaron al garaje para que dejara mi equipaje, había un catre de tela situado abajo de una ventana que daba al frente de la casa. Allí podía dormir el tiempo que yo quisiera. Pasamos al comedor, comimos serial con leche fría, que en efecto era todo lo que se comía todos los días. Me dijeron que ellos salían temprano, que me levantara cuando quisiera y que me sirviera le desayuno, conversamos sobre diferentes temas, les conté que María Regina estaba bien en Jamaica, llena de paciencia y con esperanzas de viajar a Miami pronto. Ya era casi medianoche, ellos tendrían que levantarse temprano para el colegio y yo estaba agotado. Terminó así mi primera noche en Miami.

Gerardo Chávez García

CAPÍTULO 18

Unos días en Miami

Me desperté suavemente, sin sobresaltos, como si hubiera dormido en aquella casa y en aquel catre toda mi vida, no me había despertado en toda la noche, y por el cansancio que tenía hubiera dormido unas horas más, pero la tenue luz del amanecer era demasiado fuerte para la cortina de tela blanca y fina, casi transparente, que casi cubría la ventana y se levantaba con el ventilador. Quizás también había sentido ruidos de Enrique y los niños preparándose para salir a la escuela.

Sentado en el catre, levanté la cortina y mire hacia fuera, sería la primera vez que veía a Miami a la luz del día. Fue todo un espectáculo inolvidable, quizás me impresionó tanto porque en mi barrio en Jamaica me había acostumbrado a ver los jardines sin hierba, pelados de casi toda vegetación. Mire hacia las casas del frente y hacia los jardines de las casas de los dos lados, todas con una hierba muy verde, y muy bien cortada, el rocío que la fría noche había dejado lo cubría todo, y justo ante mi ventana vi a mi primer cardenal, que por supuesto en ese momento no sabía que se llamaba así.

Me quedé maravillado ante la belleza de ese pajarito rojo, muy rojo, totalmente rojo. Jugueteaba con otro de su mismo tamaño, pero no de su misma belleza, el otro era de un plumaje carmelitoso, opaco, sin brillo, con alguna pluma de un rojo muy tenue, mezclada entre las otras. Años después me enteré que la fea era la hembra, lo que yo había visto aquella mañana era una parejita, se posaban por unos segundos en la hierba alta frente a mi ventana, saltaban de hoja en hoja, uno perseguía al otro, claro como en aquel momento no sabía que eran hembra y macho, no recuerdo quién perseguía a quien. Para el ojo ignorante podían aparecer que estaban peleando, nada más lejos de la verdad.

Después de deleitarme mirando a los cardenales por un rato, que si hubiera sabido que podían pasar años antes de volver a ver una pareja de cardenales, los hubiera estado observando mucho más tiempo, acompañándolos sin que ellos lo supieran, hasta que decidieran marcharse o enamorarse.

Me vestí y fui a la cocina, abrí el refrigerador y me encontré, además de aire frío, una jarra de agua y dos galones leche, encima de la mesa la caja de cereal. En esa perspectiva el desayuno de Mrs. Moody empezó a lucir bien.

Al poco rato llegó Enrique, nos sentamos a conversar y enseguida le pedí que me contara lo que supiera sobre los planes de invasión a Cuba, me contestó que lo que él sabía era que un grupo de locos que estaban entrenándose en Nicaragua y Guatemala, con la intención de desembarcar en Cuba. Le pregunté cómo se podía hacer contacto con ese grupo, como se llamaba, donde se podía averiguar más sobre el asunto. Me contestó que no sabía, pero si lo hubiera sabido no me lo diría, porque sabía que si yo me metía en ese grupo, y mi familia se enterara que él me había ayudado de alguna manera, no le hablarían más nunca.

Le pregunté sobre las posibilidades de encontrar un trabajo, me dijo que era extremadamente difícil, que él había estado tratando de buscar uno y no lo había encontrado. De todas formas había que empezar por el principio, iríamos al "Downtown" a pedir una tarjeta del seguro social, requisito indispensable para obtener un trabajo. Puse mis documentos de residencia en un sobre y allá nos dirigimos. La gestión fue muy corta, me sorprendió que en 10 o 15 minutos ya tuviera mi tarjeta, la misma que hoy 54 años después, todavía tengo en mi billetera, aquella oficina funcionaba muy eficientemente.

De allí caminamos media cuadra, íbamos a saludar a Pío, él trabajaba en Miami Avenue casi esquina con la calle Primera del noroeste. Era en un diminuto establecimiento, al lado de la puerta de entrada un letrero anunciando que se revelaban fotografías. Ya dentro del local, donde sin exagerar, no cabían más de tres personas, había una vidriera de unos cuatro pies de largo, mostraba casi todo lo que estaba a la venta, llaveros, bolígrafos, etc. detrás de la vidriera, su único empleado, Juan Pío Fajardo.

Me dio mucha alegría ver a Pío, él era quien me había mandado el contrato de trabajo a Jamaica. Ahora se convertía en la primera persona de San Antonio que yo veía en Miami, por supuesto excluyendo a Enrique y los niños. Unos meses después también se convertía en la primera persona que Gilda y sus dos hermanos veían en Miami. Pío y su esposa Nilda se encargaron de ellos tres hasta que llegaran Ena y Lulo.

Estuvimos conversando largamente con Pío, no había perdido su costumbre de convertir sus ilusiones en hechos, me contó que además de ese trabajo, en los fines de semana tocaba en la orquesta del hotel Fontainebleau en Miami Beach, por supuesto que ésta era una de las cosas de Pío, que sólo eran verdad en su imaginación. Conversamos por cerca de una hora, y durante ese tiempo no entró ni un solo cliente.

De regreso a la casa, Enrique hizo un par de paradas, una fue en la esquina de le LeJeune y la Calle Ocho, si, desde aquella época había una agencia Chevrolet en esa esquina. El carro nuevo de Enrique necesitaba un ligero ajuste, no recuerdo cual, en unos 10 o 15 minutos resolvieron el problema, yo seguía asombrado de la eficiencia que estaba viendo.

Gerardo Chávez García

De allí fuimos a un lugar que vendía donuts, se llamaba Crispy Creme, se encontraba en la acera de enfrente de la entrada del cementerio, donde hoy descansan tantos de mis seres queridos. Enrique había llenado un formulario de trabajo allí, aspiraba a una plaza de chofer que había visto anunciada en el periódico, le dijeron que ya habían empleado a alguien y que no tenían ninguna otra plaza disponible.

El día siguiente fue más o menos lo mismo, otro día más de vueltas por la ciudad con Enrique, acompañándolo en sus visitas a diferentes lugares, a visitar algún amigo, a lugares o visitas que a mi no me iban a resolver ningún problema, ni me iban a dar la información que yo quería. Enrique me decía que no tenía por qué preocuparme, podía seguir viviendo en su casa el tiempo que yo quisiera, pero yo le contestaba que yo no había salido de Cuba para vivir en la casa de un amigo. Ya estaba convencido que la mañana siguiente tenía que buscar una guagua que me llevara al Downtown, era el lugar indicado para conocer mejor mi situación real, conocer a otros cubanos, recibir información de otras personas, ir buscando un rumbo por mis propios medios.

El Miami de 1961, era un pueblo, nada parecido a la pujante ciudad que es hoy en el 2015. Habían sólo unos escasos miles de cubanos, no recuerdo un restaurante cubano que estuviera fuera del Downtown, tres o cuatro de ellos eran extremadamente modestos, por ejemplo en Mi Bohío por un dólar y medio servían algún tipo de carne, arroz y frijoles, plátanos fritos, pan y café. Recuerdo otros dos restaurantes de mayor categoría, al pasar por la acera, mirando hacia adentro por la ventana veía sus blancos manteles, sus clientes elegantemente vestidos, mujeres emperifolladas, hombres de cuello y corbata, eran los cubanos que habían llegado con dinero, que no eran pocos.

Caminando por la calle Flagler, de día o de noche, se conocían muchos cubanos, algunos recién llegados tan desorientados como yo, otros, los llegados en 1959 y 1960, con más conocimientos de lo que estaba pasando.

Memorias de Abuelo

No recuerdo exactamente donde, ni quien, pero a los tres o cuatro días de estar en Miami pude saber dónde es que hacían los reclutamientos para la invasión. Era una casa, calculo yo, como por alrededor de la calle 11, cerca de Biscayne Boulevard, recuerdo perfectamente cómo lucía la casa, una estructura antigua de principios del siglo XX, pintada de blanco, estaba en la acera norte, pero no puedo recordar de qué calle. Un amplio portal al frente, con un letrero que identificaba el nombre de la organización, algo así como Consejo Revolucionario Cubano. Años después supe que era la organización escogida por los Estados Unidos para reclutar a los cubanos para su proyectada invasión.

El día que visité esa casa habían varios cubanos de edad avanzada en el portal de la casa, conversaban entre ellos mientras se mecían en los sillones tipo cubano. Subí los dos o tres escalones que llegaban al portal, me presenté ante uno de ellos, el que más cerca me quedaba, sin muchos rodeos le pregunté si allí era donde se reclutaba para la invasión. El hombre me miró fijamente, y me dijo que él no sabía nada de eso, que entrara y hablará con la persona que estaba sentada en el escritorio. Así lo hice, el hombre detrás del escritorio me miró como con recelo, me comenzó a hacer preguntas, no recuerdo cuales pero fueron muchas. Al final me dijo: Si, este era el lugar donde se procesaban las solicitudes.

Luego me explicó que ya hacían unos días que se había suspendido el procesamiento de nuevas solicitudes, ya se había acabado el tiempo, la invasión era tan inminente, que no se necesitaba nuevos reclutas, no habría tiempo de entrenarlos. Me dijo con una sonrisa, disfruta lo que puedas de Miami, conoce todo lo que puedas, porque en unos días, quizás unas pocas semanas puedas regresar a Cuba.

El hombre tenía buena información, mi visita al Consejo debió haber sido entre el 5 y el 7 de abril, poco más de una semana después, desembarcaba en Cuba la gloriosa Brigada 2506.

Aquella tarde la pasé muy desconsolado, regresé a la casa más temprano que de costumbre, durante el viaje en la guagua fui pensando que lo más adecuado era ir a encontrarme con mi hermano, ya tenía su dirección, estaba en un campamento para niños Pedro Pan, en las afueras de Jacksonville, quería estar cerca de él cuando se diera la noticia de la invasión. También tenía el nombre del colegio católico en donde Ángel estaba estudiando. No se sabía que iba a pasar con los Pedro Pan, se suponía que la Iglesia no los iban a abandonar, pero sería mejor si estuviera cerca de él, por si era necesario.

Esa noche le di la noticia a Enrique, me iba para Jacksonville al día siguiente. Trató de convencerme de que era mejor quedarme en su casa, me repitió que podía quedarme todo el tiempo que yo necesitara, y que además le iba a ocasionar un disgusto con mi familia cuando se enteraran que él me había dejado ir. Yo le respondí que no se preocupara por eso, mi familia sabía que él no tenía forma de aguantarme. Con ese razonamiento, estuvo de acuerdo en llevarme al día siguiente a la estación de guaguas Greyhound, en el Downtown.

En la mañana temprano me dejó Enrique en la acera de la estación, cargué con mi gusano y mi maleta hasta el escritorio donde vendían los boletos, pagué los tres o cuatro dólares que costaba el viaje, y otra vez rumbo a lo desconocido.

CAPÍTULO 19

Camino a Jacksonville

En 1961 no habían carreteras que pasaban fuera de los pueblos y ciudades evadiendo el tráfico, no había un equivalente al Turnpike, todas las carreteras atravesaban cada pueblecito por el mismo centro, el viaje de Miami a Jacksonville se hacía por la carretera US 1, por tanto tomaba como 12 horas hacer el viaje. Además, muchas paradas para recoger y bajar pasajeros, y una parada de unos 30 minutos para almorzar, en el pueblo llamado Stuart. La parada para el almuerzo en Stuart fue tan impactante que nunca la olvidaré.

El chofer de la guagua había estado hablando, dando instrucciones por el sistema de altavoces, siempre he pasado trabajo entendiendo lo que dice un chofer de guagua o un piloto de avión cuando les hablan a sus pasajeros, no sé por qué me parece que algunos pegan la boca al micrófono, hablan en susurros que ellos creen que es sexy, engloban la voz como los actores en las novelas. He llegado a pensar que algunos no quieren que los entiendan, o que están buscando un part-time como locutor, si adivinan entre los pasajeros a un productor de radio o TV. Entre lo poco que le entendí a mi guagüero, estaba que la parada era de 30 minutos, que él recomendaba que comiéramos en la misma estación, para no atrasarnos y no correr el riesgo de perder el viaje, él no podía esperar por nadie. En cuanto la guagua se detuvo se pararon todos los pasajeros apresuradamente, casi que corrían en dirección a un local pequeño con un letrero identificándose como CAFETERIA.

Yo también hubiera corrido si hubiera sabido que la cafetería era tan pequeña, con sólo dos o tres empleados, que los últimos que llegaran no les darían tiempo de pedir y comer algo. Cuando entré al pequeño local, ya las ocho o nueve banquetas estaban ocupadas, y muchos de los pasajeros, parados detrás de los que alcanzaron una de las banquetas, trataban de ordenar sus pedidos para llevar.

Me dio la impresión que a mi no me iba alcanzar el tiempo, mire a mi alrededor esperanzado en que hubiera algún otro lugar donde comer cualquier cosa, aunque fuera una galletica y una cajita de leche. Al mirar hacia un lado vi a través de un cristal, otro local más chico aún, pero no había clientes, las banquetas estaban vacías, no lo pensé dos veces, salí de aquel local y fui al otro. El empleado que me preguntó lo que quería era un negro muy negro, grande y gordo, le pedí un sándwich de jamón y queso, me miró con cara de asombro, los ojos se les querían salir, yo pensé que era que no me entendía, le repetí mi pedido, al fin se viró y comenzó a preparar el sándwich. Mientras esperaba miré hacia la cafetería de al lado, se podía ver a través de un cristal grande que dividía los dos locales. Algo estaba pasando y yo no tenía idea de que, a través del cristal veía que casi todos los pasajeros miraban hacia mí, hablaban entre ellos, no los oía, pero por los gestos no lucían como que estaban comentando que yo les caía bien. Me sirvieron el sándwich, me lo comí, y me tomé mi cajita de leche, había terminado mucho antes que la mayoría de los pasajeros en la cafetería de al lado. Con toda mi calma salí del lugar, y me dirigí a la guagua, en la puerta estaba parado el chofer con tres o cuatro pasajeros, todos, incluyendo el chofer comenzaron a manotear en el aire y hablarme todos a la vez, yo entendía poco, me empecé a poner nervioso y ya no entendía nada. Al fin se dieron cuenta que yo no sabía lo que estaba pasando, el chofer me señaló con el dedo un letrero sobre la puerta de la cafetería donde yo había estado, decía: COLORED.

Ya yo había visto letreros iguales en baños y bebederos en la tienda Woolworth en el Downtown de Miami, también en algunos otros lugares, pero honestamente, como no acostumbraba a usar ni baños, ni bebederos públicos frecuentemente, no recuerdo cuales. Explique lo mejor que pude que yo no sabía que los blancos no podían comer en el mismo lugar que los negros. Después de unos minutos dándome charlas sobre el tema, al fin se apaciguaron. Lo importante era que ya todos pasajeros estaban acomodados en sus asientos y reiniciamos el viaje, desde mi asiento seguía oyendo comentarios que me parecían eran sobre lo sucedido, ya con voces calmadas, me sentí tranquilo, ya no pensaba que me iban a bajar de la guagua. Me acomodé, creo que me quedé dormido pensado en que si los pasajeros supieran que yo había vivido entre negros por más de dos meses, me linchaban.

Llegamos a Jacksonville poco después de la medianoche, ahí terminaba el viaje de ese autobús, se bajaron todos los pasajeros y esperamos que bajaran los equipajes. Me dirigí a una hilera de sillas en uno de los rincones más apartados de la estación, no había nadie cerca de allí, coloqué mi gusano y mi maleta sobre dos sillas, allí las dejé para ir hacia la cafetería y comer algo.

Ya en Miami había aprendido que todo lo que uno pudiera necesitar a bajo precio, se podía encontrar en los clasificados del periódico. Fui hasta el estanquillo y dejé mi níquel en la caja de cobros que estaba sobre la pila de periódicos, tomé uno y fui directamente a los clasificados. Buscaría hoteles de mala muerte, o rooming houses, marqué en el periódico todos los que tenían precios por debajo de los 10 dólares semanales, encontré varios, le pregunté a uno de los empleados de la Greyhound, cuál de ellos quedaba más cerca de donde estábamos. Todos estaban bien cerca, aquella madrugada aprendí que alrededor de las estaciones de guagua Greyhound, siempre se encontraban las habitaciones más baratas.

Preferí esperar a que llegara la luz del día para hacer mis investigaciones de algunas de las habitaciones que estaban anunciadas, me acomodé sobre las sillas poniendo mis piernas sobre la maleta y mi cabeza sobre el gusano, era la posición más cómoda que se me ocurría, además de la más segura para mis pertenencias.

Con la luz del amanecer ya estaba dispuesto a salir a la calle, para mi la temperatura seguía siendo muy fría, casi no la podía dominar con mi jacket de piel, que como no tenía un forro interior era suficiente para Cuba, pero que me quedaba corto para Jacksonville. Dejé mi equipaje al cuidado de un empleado de la Greyhound, le pregunté cómo llegar a la dirección más cercana de las que tenía marcadas, había una a menos de media cuadra, ideal.

Me gustó mucho el precio del lugar, consideré que nueve dólares a la semana era muy razonable, centralizada al lado de una tienda Woolworth, la que llamábamos Ten Cents en La Habana. Pagué los nueve dólares, regresé a buscar mi equipaje y me instalé cómodamente en la habitación. Me sentía agripado y con hambre, decidí investigar que podía desayunar en Woolworth. En cuanto entre en la tienda me di cuenta que era totalmente diferente a la que había conocido en Cuba, esta era mucho más pequeña que aquella, no estaba tan relucientemente limpia como aquella, las empleadas eran señoras mayores, sin los uniformes blancos y almidonados que usaban las bellas jóvenes empleadas del Ten Cents. Analicé el menú que había disponible para el desayuno, me decidí por una taza de sopa de pollo, resultó ser tremenda inversión por 20 centavos, me cayó tan bien que pensé, basado en precio y calidad, que tomaría muchas sopas de pollo en los próximos días.

Seguía sintiéndome mal, febril, con mucho frío. A pesar de eso, comencé a investigar como llegar al colegio donde estaba asistiendo mi hermano. Era del otro lado de un larguísimo puente, y muchas cuadras después de pasarlo, no resultaba atractiva la idea de ir caminando. Había una ruta de guaguas que pasaba cada 45 minutos y me dejaba en la esquina del colegio.

Lo de la guagua "cada 45 minutos" fue una de mis decepciones, las guaguas en La Habana pasaban cada tres minutos. Entre mis otras decepciones sufridas con anterioridad estaba Miami, con su edificio más alto, el de las cortes, en el Downtown, un edificio que ya era viejo y no pasaba de 10 o 12 pisos, por un costado tenía una estación de trenes, con su techito, bancos y columnas de madera, tal y como se veían en las películas del oeste. La principal tienda de Miami, Burdines, no era del tamaño ni tenía el exquisito ambiente de El Encanto. Otra de las cosas que me había sorprendido en Miami, era que todos los puentes sobre el río Miami, los que había que atravesar para llegar al Downtown desde cualquier lugar, todos eran de madera, nunca antes había yo visto un puente levadizo de madera.

Jacksonville era más o menos igual, excepto el puente que era de hierro, el resto, parecido. Los más altos edificios, 3 o 4, no pasaban de seis o siete pisos. Sus tiendas, como por ejemplo Sears, eran inferiores al Sears de la Habana, no me explicaba por qué esa diferencia.

Pero volviendo al tema, ya sabía cómo llegar al colegio donde mi hermano estaba cursando el High School. Me sentía tan mal, sin fuerzas ni para esperar la guagua, decidí que era mejor comprar algo para hacerme sentir mejor y regresar a mi habitación, no seguir pasando frío, esperar que un día de descanso me ayudara a recuperarme. Aproveché el tiempo para escribir las cartas que debía, anunciar que no tenía dirección permanente, que no me escribieran. Esa noche fue la peor de mis 20 años de vida. Fiebre alta, no sé hasta dónde llegó, por supuesto no tenía termómetro. Fue la primera noche donde sentí con más profundidad la inmensa soledad de no tener la familia cerca, la primera vez que me di cuenta lo difícil que era sobrevivir sólo cualquier enfermedad, por pequeña y temporal que fuera.

Las varias sopas de pollo del día anterior, la última fría, Woolworth cerraba como a las ocho de la noche, compré la última a esa hora para tomarla a medianoche. Salí a la calle muy temprano para tratar de estar en el colegio antes que comenzaran las clases, pero mis cálculos no fueron buenos, llegue al colegio como las nueve de la mañana. Las clases habían comenzado hacía rato, ya no podía ver a Ángel, no me dejarían interrumpir las clases. Fui a la oficina del colegio a preguntar que podía hacer para ver a mi hermano, se extrañaron que hubiera alguien allí preguntando por uno de aquellos muchachos, en el colegio habían más de 50 muchachos cubanos y nunca habían recibido una visita, claro, la mayoría de sus familias se demorarían años en poder salir de Cuba. Le avisaron a un cura que era el director del plantel, este vino y me hizo todas las preguntas de rigor, me dijo que en la tarde podría verlo y si quería podía ir hasta el campamento con mi hermano. Me invitó a que me quedara y almorzara con él, yo encantado.

Esperé la hora del almuerzo caminando por los alrededores, regrese a la oficina, me pasaron a un comedor muy pequeñito, una mesita redonda, al lado de unas ventanas de cristal que llegaban del piso hasta casi el techo, de las que corren de un lado a otro. Me senté en la silla que miraba hacia el jardín trasero, me seguía sorprendiendo la hierba tan bien cortada. Detrás de un grupo de poco frondosos pinos, se veía un edificio que era parte del colegio, lucían como aulas. De pronto aparecieron unos animalitos que yo había visto en historietas o en el cine. Eran ardillas, nunca antes las había visto en vivo. Observaba su ir y venir, como trepaban por los troncos de los pinos, como corrían de un lugar a otro sin aparente destino. En eso sirvieron el almuerzo, llegó el cura y se sentó frente a mí, de espaldas al patio, era muy hablador, me hubiera gustado entender todo lo que me decía.

Le señalé hacia las ardillas y le pregunté cómo se llamaban. Viró la cabeza, las miró brevemente, dándole la misma importancia que yo podía haberle dado a un grupo de gallinas en la finca. Para él era algo natural que estaba viendo desde que nació. Me dijo que se llamaban "squirrel", yo entendí "school", le dije, parte con señas, que no me refería al edificio al final del jardín, que me refería a los animalitos. Volvió con "squirrel", y mi oído seguía entendiendo "school". Así estuvimos un rato, el diciéndome una cosa y mis oídos entendiendo otra, al fin yo entendí que aquellos animalitos se llamaban algo parecido a "school", 54 años después, ya se oír la diferencia entre las dos palabras, pero todavía no se pronunciar la palabra "squirrel".

Después de la confusión entre ardillas y escuela, me hizo preguntas sobre Cuba, mis planes, etc. Le dije que me gustaría buscar un trabajo, en caso de que el problema de Cuba demorara semanas en resolverse, le pedí que me ayudara a buscar un empleo, cualquier empleo. Me respondió que trataría.

Después del almuerzo me dijo que lo esperara, fue a una especie de sala, junto al comedor, parecía más una casa que una oficina. Se sentó en un butacón y se prendió al teléfono, hablaba unas cuantas palabras, colgaba, y de nuevo a darle vueltas al disco, parecía tener memorizados todos los números. Después de más de una, o quizás dos horas, regresó a la mesa, me dijo que lo único que había podido conseguir era un trabajo de "busboy", le dije que eso era aceptable para mi, y que me gustaría saber que era lo que quería decir "busboy", me explico en qué consistía, como advertencia me dijo que todos los que hacían ese trabajo allí eran negros, seguidamente, como con dudas, me preguntó si todavía estaba interesado en el trabajo, le contesté que sí, me dio el nombre de la persona por la que yo debía preguntar en "Strickland's Seafood", y la dirección del lugar, que coincidentemente no era lejos del colegio.

Como ya estaba llegando la hora de salida del colegio preferí esperar y dejar el asunto del empleo para el día siguiente. No me acuerdo si mi hermano ya sabía que yo estaba esperándolo, o si fue una total sorpresa para él, en momentos emotivos se nublaba mi habilidad de grabar claramente eventos en mi mente, solo recuerdo que hablamos muy poco tiempo, él tenía que subir a la guagua para regresar al campamento. Tampoco tengo muy claro si fue ese mismo día, o al día siguiente que me fui con él al campamento en la guagua del colegio. Como no me podía quedar a dormir en el campamento, creo que para el viaje de regreso acabé por pagarle la gasolina a uno de los muchachos mayores que mi hermano, habían dos o tres que tenían carros en condominio, hacían grupos para comprar un cacharro viejo en 100 pesos. Habían hecho una colecta para tener transporte a la ciudad en los fines de semanas. En la colecta también participaban varias de las americanitas del colegio, a ellas les interesaban mucho que los cubanos, que estaban de moda, tuvieran como venir a la ciudad los fines de semana.

El campamento estaba a unos 45 minutos de la ciudad, el acceso era por una carretera secundaria por la que no pasaban guaguas, cerca de la entrada al campamento había una de esas típicas tiendas General Store, una de esas tiendas que tenían un poco de todo lo básico, vivían solo de lo que a los granjeros de los alrededores se les olvidaba comprar en la ciudad. Allí paraba la guagua todos los días, para que los muchachos compraran lo que querían, o lo que podían. Fue muy interesante estar dentro de una de aquellas tiendas que solo había visto en películas.

Ángel me enseñó todo el campamento, dos o tres estructuras donde parecía que en otras épocas se alojaban trabajadores, allí dormían ellos en literas. Más alejada del centro de la finca, una casa grande que se decía era en la que habían vivido los dueños, solo vi por dentro el cuarto de baño, y una habitación, se notaba que en un pasado ya algo lejano todo había estado en excelentes condiciones, allí podían dormir y bañarse al menos 20 muchachos, pero ninguno se podía quedar allí, ¿Quién iba a escoger a los 20 privilegiados?

Allí también conocí otros animales nuevos para mí, serpientes venenosas, una serpiente cascabel entre ellas, me decían que la finca entera estaba llena de ellas, yo solo vi aquella, lucía aburrida, casi domesticada, los muchachos, con esa actitud desafiante de la juventud, se pasaban horas buscándola para molestarla, como si fuera un cachorro de gato manso. Yo me preguntaba si era la misma serpiente todos los días, ellos afirmaban que la conocían, que era la misma. También vi otras serpientes más chicas, más delgadas, negras, brillosas, con marcas rojas, a estas les tenían un poco más de respeto, o miedo, eran más rápidas y según ellos muy venenosas. Si los padres de aquellos muchachos, allá en Cuba, hubieran sabido de esta inocente diversión, la primera balsa hubiera llegado a Miami mucho antes que a mediados de los años 60.

Estuve en el campamento hasta el anochecer, los que me iban a llevar, y de paso ver unas americanitas, tenían que regresar antes de que cerraran el portón de la entrada. Una cadena gruesa y un candado grande los obligaba a llegar temprano.

A la mañana siguiente me presente en el Strickland's. Me dieron el trabajo sin muchas preguntas, me dijeron que regresara un día o dos después, tenían que botar a alguien. Debía llevar un pantalón negro, ellos me darían una chaqueta blanca de uniforme. El sueldo no era malo, 25 dólares a la semana, lo bueno era que las horas no eran muchas, solamente de 10 de la mañana a 10 de la noche, y sólo eran siete días a la semana. Por supuesto las comidas estaban incluidas, esto era un aliciente, ya había visto unos camarones y langostas muy apetitosas. Esa misma tarde fui a comprar mi pantalón negro, yo tenía varios pantalones apretujados en el gusano, pero ninguno negro.

A la mañana siguiente mucho antes de las 10 de la mañana, ya yo estaba entrando en el restaurante. Fui a ver a quien habían designado como mi jefe, un negrito muy joven, flaquito y bajito. Me dio mi chaqueta de uniforme y me dijo que comenzará por darle aspiradora a las alfombras de los pasillos.

Antes de la hora de almuerzo, y por las tardes había que entretenerse en darle aspiradora a alfombras totalmente limpias, hasta las de los salones para reuniones que no se usaban todos los días. Para cambiar la rutina y llenar el espacio entre el almuerzo y la comida, había que también entretenerse en pulir los pisos de madera con aquel aparato pesado y difícil de dominar. No importaba que la madera estuviera resplandeciente, había que seguir puliéndola, llegué a pensar que acabarían por gastarla. Parece que el objetivo era no dejar que uno se sentara a descansar 10 minutos. El primer día, mientras pulía el piso en el pasillo que daba a un baño, decidí interrumpir mi labor y entrar a uno de los cubículos, si me sentaba en un inodoro, descansaría los pies aunque fueran cinco minutos. No habían pasado dos minutos, cuando alguien tocó a la puerta y dijo:

--Este no es el baño de los busboys, tienes que usar el que está detrás de la cocina.

Nunca supe quién me había dado esas órdenes, vi solos sus zapatos, por la voz me pareció que era uno de los dos primos de apellido Strickland, eran los dueños. En la tarde cuando necesité buscar el baño, pregunté dónde estaba, me señalaron unos pasillos estrechos detrás de los fogones, al final del edificio. Me encontré un letrero en la puerta que decía COLORED, me habían mandado al baño de los negros. Era un cuarto grande, con un solo inodoro en una esquina, las paredes pintadas de un color verde oscuro, casi negro. Colgando del centro del techo un cordón eléctrico, un pequeño bombillo en la punta, la luz pobre y amarillenta no me dejaba ver lo sucio que estaba, hasta que mis ojos se acostumbraron a la oscuridad. El papel sanitario eran hojas sueltas, aproximadamente del tamaño de una hoja de papel de escribir, no mucho más fino, y resbaladizo. No fue una experiencia agradable.

Durante las horas de almuerzo y comida el trabajo consistía exclusivamente en llevar bandejas con comidas de la cocina a los comedores, y regresar con bandejas de platos sucios al cuarto de lavadoras.

Termine aquel primer día con los tobillos hinchados, desilusionado con la comida. Cuando me ordenaron ir a la cocina para servirme el almuerzo me puse de lo más contento, la alegría duro poco, me puse frente a un cocinero con mi plato, lo miré como preguntándole donde estaba la comida, el tipo me miro con una sonrisa, me señalo a tres recipientes enormes de acero inoxidable, unas finas columnas de humo salían de cada uno, mire dentro de las tres, en una puré de papas, habichuelas verdes y zanahorias en las otras dos. Lo mire como preguntándole que otras cosas podía escoger, me hizo una seña parecida a la que se hace en béisbol cuando el corredor es safe, que en este caso significaba que esas eran las tres opciones. Lo peor yo no lo sabía todavía, el turno de la comida tenía las mismas tres opciones, que continuaban siendo las mismas los siete días de la semana. En 1961 yo nunca había oído la palabra vegetariano, hoy, recordando aquellos días de Strickland's, me doy cuenta que fui vegetariano por poco más de dos semanas.

Una noche, casi terminando mi turno, limpiando las meses en el bar, llegue a la mesa de al lado de donde estaba sentado uno de los dos primos. En su mesa lo acompañaban tres mujeres jóvenes, cada uno de ellos con un trago. Me hizo señas que me acercara, dijo unas palabras que la música del bar me hizo más difícil entender. Al fin entendí cuando me preguntó que donde era, le contesté que de Cuba. La próxima pregunta si le entendí claramente: ¿En qué parte de Puerto Rico está Cuba? Seguían las desilusiones, yo que creía que los americanos todos eran muy inteligentes y preparados, y aquel hombre, el dueño de un restaurante de aquella categoría, me soltó aquella pregunta. Después siguió hablando algunas boberías, hasta que le dije que terminaba a las 10, que tenía que apurarme para estar de vuelta en la mañana. Me fui a tomar la última Coca-Cola del día, podía rellenar mi vaso cuantas veces quisiera, claro de la bomba, no de botellas.

Pasaron unos días, no sé cuántos, quizás una semana, no recuerdo cuantos días llevaba trabajando, pero si recuerdo la fecha exacta esa mañana. Al llegar al restaurante siempre miraba al estanquillo de los periódicos, miraba los titulares, llegaba con tiempo para leer todo el periódico, pero solo me interesaba leerlos cuando estaba en la búsqueda de un trabajo o un alojamiento.

Esa mañana, el 15 abril 1961, como todos los días mire el cintillo del periódico. Decía, por supuesto en inglés, algo así como "Cuba bombardeada", debajo en letras más pequeñas "Bombardeado San Antonio los Baños", temblando agarre el periódico, leí tan pronto como pude todos los artículos, no encontré nada que me tranquilizara, no hablaba que hubieran muertos, pero tampoco decían que no los hubieron, la distinción entre lo que era la base y lo que en el pueblo era tan vaga, que parecía que las dos cosas eran una sola.

A pensar, que hacer, cómo averiguar más. No se me ocurría, tenía un solo teléfono en Miami, el de Enrique, sabía que a las 10 de la mañana no había nadie en la casa. Tendría que esperar a por la noche para saber más. Recordemos que en 1961, a Castro no le gustaban las llamadas telefónicas del extranjero, había que pedir un turno que lo daban en dos o tres día, casi siempre de madrugada. Como muy pocos teníamos teléfonos, lo que queríamos llamar a Cuba teníamos que dormir en casa de una familia amiga, a esperar el timbrazo, que podía ser ocho horas antes o seis horas después de la hora señalada. Yo no tenía esa opción, así que tenía que conformarme con esperar el periódico de por la tarde. Si, el periódico salía dos veces al día, la edición matutina y la vespertina.

Entré con el periódico en la mano al restaurante, y les dije a todos los que me quisieron escuchar, que toda mi familia estaba en San Antonio de los Baños. Las camareras con quien yo trabajaba se interesaron, y me prometieron traerme noticias cuando regresaran a trabajar su turno de noche. Así lo hicieron, por lo menos ya sabía que el pueblo no había sufrido daños, y como el ataque fue de madrugada me sentía seguro que nadie de la familia estaría en la finca, recordemos que la finca estaba separada de la base Aérea por una cerca de alambre.

Gerardo Chávez García

La edición del periódico de por la tarde, decía lo mismo que la de por la mañana, mencionaba otros bombardeos en Columbia y Santiago de Cuba. También confirmaba lo que ya sabía, las bombas habían caído en la base solamente, no en el pueblo. Informaba que todos los aviones de Castro habían sido destruidos, cosa que unos días después supimos que era mentira.

En la noche llamé Enrique pero tampoco contestaron el teléfono. Ya estaba resignado a seguir los acontecimientos a través del periódico, y las informaciones de las camareras. No tuve que esperar mucho por nuevas noticias, dos días después, el 17 abril 1961 volví a los titulares del periódico. Esta vez era algo como: "Cuba invadida", otra mentira, que por mi inexperiencia y confianza en los americanos, la di por cierta, me veía en Cuba.

Los titulares de los días siguientes eran decepcionantes, no era posible que Castro hubiera podido lograr el control de la Isla. Unos días más tarde ya no salían noticias de Cuba en los titulares, había que buscarlas en las páginas interiores.

Un día, no sé cuándo, me imagino que a finales de abril, decidí que era hora de ir buscando otros horizontes, escuchaba que en Nueva York había otros tipos de trabajo, con aspiraciones de superación. Sólo me faltaba decidir cuál era mi último día en Strickland, no tuve que hacer yo la decisión, la hizo por mi una bola de puré de papas que había en el suelo, a la entrada del cuarto de las lavadoras, no la vi, iba con una bandeja cargada de platos sucios, resbalé y por el ruido supe que no había quedado un plato sano. Salió de su oficina aquel que me preguntó una vez que en que parte de Puerto Rico estaba Cuba, estaba frenético, no le di oportunidad de terminar su gritería, le dije:

--I quit, pay me.

Después de mi "renuncia" en Strickland, no me acuerdo cómo, me enteré que una agencia Lincoln-Mercury estaba buscando un chofer, debe de haber sido por el periódico, me gastaba 5 centavos todos los días con el fin de estudiar los clasificados.

Ya yo había obtenido, después de dos intentos, mi licencia de manejar. Cuando fui la primera vez a buscar información sobre cómo obtener la licencia, me preguntaron si quería el librito para prepararme para el examen, en inglés o en español. Ya me sentía bastante cómodo leyendo en inglés, pero por supuesto más cómodo me sentiría en español. Me leí aquel librito con más trabajo del que hubiera pasado leyéndolo en inglés. Utilizaban palabras en español que había que imaginarse el significado, la traducción era desastrosa. Al otro día fui a pasar el examen escrito, y me encontré con la sorpresa que el examen no la había en español. Por supuesto no pasé el examen, entre la confusión del mal español del librito, y la sorpresa de que el examen era en inglés, y con palabras relacionadas al tráfico y las leyes que no había visto nunca, era casi imposible pasarlo. Pedí el librito en inglés, y al día siguiente pasé el examen sin problema. A pesar de que el oficial que me atendió me insistía en que sacara la licencia de operador, que era más fácil, yo insistí en que quería la de "Chauffeur", que era la que necesitaba si quería manejar un camión, no sé por qué yo estaba seguro, que en algún momento, yo tenía más de un camión en mi futuro.

Volviendo al tema del empleo como chofer, fui a visitar a la agencia, me pidieron mi licencia, y me preguntaron si quería empezar ese mismo día. Era solamente unos días a la semana, no un trabajo fijo, solamente era cuando lo necesitaran, me pagarían por viaje, no por día o por hora. Por ejemplo, el primer viaje fue a Daytona Beach, relativamente cerca de Jacksonville, a unas tres o cuatro horas. Todo consistía en llevar un carro nuevo, de Jacksonville a otra agencia en otra ciudad, y dar el viaje de regreso en otro carro nuevo. Esto sucedía cuando un cliente quería un carro específico, que no tenía la agencia de Jacksonville en su inventario. Comenzaban a llamar a otras ciudades hasta que lo conseguían, me imagino que hacían un intercambio de un carro por otro, y dividirían las ganancias. No sé exactamente cómo funcionaba, pero me imagino que era así. Además del carro, llevaba un sobre con unos documentos y un cheque dentro, que debía entregar al llegar a mi destino, allí me daba otro sobre similar y otro carro, y de vuelta para Jacksonville. De una manera u otra, entre el tiempo en la carretera, y el tiempo de espera en las agencias, en un viaje corto se iban diez o doce horas. No recuerdo exactamente cuánto me pagaban, pero creo que era alrededor de 15 dólares por el viaje completo. Me parece que el viaje más largo que me daban era a St. Petersburg y Clearwater, como ya expliqué antes, las carreteras de aquella época, no eran tan directas como ahora, un viaje que hoy demora tres horas, en aquella época podía tomar cinco o seis. Por este viaje me parece recordar que me daban 35 dólares, y esa cantidad incluía una noche de hotel y una comida, regresaba manejando toda el tiempo de noche, dormía cómodamente en mi cuarto en Jacksonville, y llevaba el carro en la mañana a la agencia, habiendo ahorrado el costo del hotel.

Este trabajo me gustaba mucho más que el de busboy, iba conociendo ciudades y hamburgueras, mientras pasaba dificultades dando vueltas hasta encontrar las direcciones de destino, a pesar de tener un buen mapa, de vez en cuando me perdía. En lo económico era mucho mejor, en tres días de trabajo ganaba más que en una semana en el restaurante, pero tenía tres cosas en contra, el desayuno, el almuerzo y la comida, en el restaurante eran gratis, aquí tenía que pagarlas. Así y todo económicamente era mucho mejor, el problema era que no me garantizaban ni siquiera dos días a la semana, podían ser cuatro viajes en una misma semana, y ninguno la siguiente. Tenía que llamar a la agencia todos los días a las 10 de la mañana, tenía que estar disponible todos los días.

Los días en que no tenía trabajo los dedicaba al periódico, a buscar otro tipo de empleo, pero no aparecía ninguno. Me imagino que después de dos o tres semanas, llegaron 4 o 5 días sin un viaje, no aparecía un cliente antojado de un carro en particular que hubiera que traérselo de otra ciudad. Decidí que tenía que irme a Nueva York, era la única ciudad donde tenía un par de amigos, con su ayuda probablemente podía conseguir un trabajo mejor.

Un par de años después Ángel ya vivía con un matrimonio americano de apellido Obermann, como en una adopción temporal, del tipo Pedro Pan. En un fin de semana quise ir con Gilda a visitar a mi hermano, si se presentaba la oportunidad, con un poco de sacrificio visitaría a Strickland's como cliente, me hubiera gustado burlarme un poco de al menos uno de los primos, le hubiera preguntado si ya sabía dónde estaba Cuba, saludar con cariño a las camareras que quedaran, pero no quedaba nadie, ni siquiera el lugar, ya estaba cerrado.

Aquella visita a Ángel no es fácil de olvidar, por supuesto, fuimos por carretera, en mi Ford Falcon 1963, acabado de comprar nuevo, por unos $2,600 entregando mi Chevrolet de 1955, y el compromiso de pagar $64 mensuales por 3 años. Ya teníamos vencido la mitad del camino, era ya mucho después de pasada la medianoche, Gilda dormida, y yo con un poco de sueño, la carretera en oscuridad total, con árboles a ambos lados, la única luz era la de los faroles de mi carro.

Me pareció ver en la distancia un bulto atravesado en el mismo medio de la carretera, comencé a disminuir la velocidad, y seguidamente a frenar tan pronto como pudiera, me di cuenta que era un hombre, no pude parar antes de llegar a él, en una carretera de dos vías, un hombre atravesado en el mismo centro, no deja espacio para evadirlo, por tanto, ya a muy poca velocidad, me salí de la carretera sin perder el control, no le tuve que pasar por encima, y afortunadamente una camión rastra que venía a toda velocidad vio mis señales y pudo parar a unos pocos metros del cadáver. El resto de la historia la puede contar Gilda, ya ella estaba despierta. Contarla yo sería salirme del enfoque principal que originó estos relatos, mi vida antes de la mayoría de edad, principalmente los hechos y las cosas que si no las cuento yo, se quedarían sin contar.

Gerardo Chávez García

CAPÍTULO 20

Camino a Nueva York

Fui a despedirme de mi hermano, él encontró lógica mi decisión. En la situación en que nos encontrábamos, yo sin transporte, y él en aquella finca tan alejada de la ciudad, con suerte nos reuniríamos una vez a la semana, quizás por una o dos horas. Le dije que en cuanto llegara a Nueva York, y tuviera una dirección permanente, le escribiría.

De nuevo a la Greyhound, llegué al mostrador donde se compraban los pasajes con la intención de ir directamente a Nueva York. En el último minuto me di cuenta que yo no tenía prisa, porque no hacer un par de paradas antes y conocer otras ciudades. Pregunté cuál era la próxima ciudad de importancia que estuviera en camino a Nueva York. No puedo recordar si me dijeron Charleston o Charlotte, la que me recomendaron fue a la que fui, tengo un recuerdo muy borroso de donde estuve, parece que sólo estuve los dos o tres días allí. Mi llegada allí fue la misma rutina, llegar a la estación, comprar el periódico, buscar una habitación, y una vez instalado en ella, empezar a buscar en la columna de empleos.

Gerardo Chávez García

Lo único que me parece recordar de esa parada en el camino, es que me pareció un pueblo mucho más simple que Miami, no me gustó. Pasaba más trabajo en entender a la gente que en cualquier otro lugar, tenían un cantico al hablar que me desorientaba más de lo acostumbrado. Estoy casi seguro que algún lugar debo de haber trabajado dos o tres días, de busboy o lavaplatos, era el único trabajo fácil de conseguir.

De allí, la próxima parada era obvia, Washington. Recuerdo que llegue a Washington dormido, me despertaron las curvas que tomaba la guagua, no sé por qué tenía que doblar tantas veces por calles estrechas, para llegar a la estación. Llegue en un día precioso, un sol radiante lo iluminaba todo, se veían unos contrastes bellísimos con las sombras de los edificios. Fue la primera ciudad que me impresionó, no tenía edificios muy altos, pero si grandes en extensión, la mayoría se llevaban gran parte de la manzana en que se encontraban, lucían macizos, de viejas y gruesas paredes, muy bien mantenidas. Todos parecían albergar oficinas del gobierno.

En mis recuerdos no puedo visualizar la estación o detalles de lo que hice al llegar, me imagino que la misma rutina, dejar las maletas en un lugar seguro, comprar el periódico, marcar en los clasificados las habitaciones a la renta, preguntar cuál era la más cercana, caminar hacia ella, pagar dos o tres noches de estancia, y acomodarme ligeramente, sin sacar de las maletas nada más que lo necesario para el momento. Después, salir a la calle, muy alerta, con los ojos bien abiertos, caminar por los alrededores, se usaba mucho en aquellos tiempos poner un cartelito en la puerta de los comercios, solicitando empleados. Con esos letreritos yo nunca pude conseguir un trabajo, excepto de busboy o lavaplatos. Trate de ampliar mis conocimientos en otras profesiones más dignas, pero como casi todos los otros tipos de empleos tenían relación directa con el público, siempre me rechazaban, mi inglés era muy deficiente.

Debo de haber estado en Washington dos o tres días, quizás mas, sólo recuerdo que fue la ciudad donde más caminé, vi esos edificios y monumentos históricos y famosos, pero sólo por fuera, no entré en ninguno. Es extraño, en esa etapa de mi vida parece no tenía curiosidad por ver por dentro edificios históricos o monumentos. Hoy me parece raro que quedara satisfecho viéndolos por fuera. En realidad, si lo pienso bien no era tan raro, así había sido siempre. En La Habana, el año que estuve en el Instituto, pasaba caminando por la acera del Capitolio varias veces a la semana, nunca se me ocurrió ni subir la escalera hasta la puerta. Tampoco se me ocurrió dar un viaje a ver El Morro por dentro, lo observaba todos los días cuando pasaba por el malecón, pero nunca se me ocurrió ir a verlo de cerca. Por más de 50 años he sentido no haberlo hecho cuando pude.

A Washington llegué casi que con mentalidad de turista barato, no creo que llevaba muchas intenciones de trabajar, no recuerdo si trabajé uno o dos días. Tenía algunos dólares en el bolsillo, no sé cuántos, pero con mi estilo de vida seguramente me alcanzarían para cubrir los gastos de varias semanas, y eso en aquel momento, era más que suficiente.

Filadelfia sería mi próxima parada, también de turista, excepto que se presentara algo espectacular no pensaba estar allí más de uno o dos días, mi meta final era Nueva York. Compré mi pasaje y me acomode en mi asiento. Este viaje comenzó mal, en todos los viajes siempre habían unas paradas de 10 o 15 minutos, en muchas ocasiones me bajaba a tomar café y comer un donut o algo parecido. En cuanto me servían ponía el dinero sobre el mostrador para que no se demoraran en cobrarme y perder la guagua. En este caso cuando fui a pagar me di cuenta que sólo tenía una moneda de 25 centavos, tuve que pagar con un billete de cinco dólares, seguí comiendo lo que había pedido, siempre al tanto que no se me fuera el tiempo, no tenía reloj. De pronto vi al chofer entrar en la guagua, pensé que ya iba a arrancar, salí apresuradamente, fui a mi asiento y segundos después ya estábamos en marcha. Un poco más de media hora después me asaltó la duda si me habían dado el vuelto de los cinco dólares. Me registré los bolsillos y no tenía ni un sólo billetes de un dólar, solamente la moneda de 25, por tanto tuve la seguridad de había dejado en la cafetería cuatro dólares y algo de propina. Me entraron deseos de bajarme de la guagua y regresar, o seguir y echarme llorar, opté por esta última.

El único otro recuerdo del trayecto del viaje fue la lluvia, el aguacero infernal que caía a mi llegada a la estación de la Greyhound, me asomé a la puerta que daba a la calle, me pareció sucia, quizás había una huelga de basureros, vi basura en las aceras, quizás el barrio donde estaba la estación no era el mejor de Filadelfia. Como lucía que iba a estar lloviendo por horas, decidí seguir viaje a Nueva York, no me atraía lo que había visto de la ciudad como para quedarme un par de días, y menos si mi primer día de turismo iba a ser debajo de un aguacero. Decididamente había llegado la hora de enfilar mi viaje al destino final.

La entrada a Nueva York me impacto grandemente, la tengo incrustada en mi mente. No sé por qué puente o túnel llegamos a Manhattan, pero mucho antes de llegar, se veía desde lejos la imponente ciudad. En mis recuerdos la veo desde lejos, como si la guagua hubiera estado viajando en un plano un poco superior, como si Manhattan fuera un valle, y yo la estuviera viendo desde cierta altura. Desde lejos, aquel enorme mazo de edificios apretujados unos a otros me parecían como una ciudad de juguete, sin calles ni espacios para automóviles. Los edificios parecían torres que se iba estrechando en las puntas, terminaban como agujas enfiladas al cielo. ¡Que vista tan impresionante! Cómo es posible que se puedan recordar tan nítidamente ciertas cosas, lugares o hechos, y otras veces, es sólo una nube en nuestra mente, o peor, a veces no recordamos ni la nube.

Afortunadamente tuve la gran suerte de que hubiera un gran tranque en la carretera, avanzábamos por 15 segundos y estábamos parados hasta por varios minutos, no sé si era así siempre o es que aquel día había habido un accidente. Lo cierto es que es la única vez en mi vida que me he alegrado que hubiera un tranque en el camino, me dio la oportunidad de observar, sin prisas, un espectacular paisaje urbano.

Eventualmente llegamos a la estación de la Greyhound, calculo hoy que estaba situada alrededor de la calle 46 o 48, entre la séptima y octava avenidas, a sólo unas cuadras de lo que yo, unas semanas después de conocer el área, le llamaba el ombligo del mundo, Times Square.

Debo de haber llegado a Nueva York a finales de junio, como ya había dicho no tenía reloj, ni calendario, ninguna de las dos cosas me hacían falta. Sólo un pequeño despertador de cuerda, que en algún lugar del gusano, había viajado conmigo desde Cuba. A propósito, el plástico del gusano se había ido rajando. En algún momento durante los últimos tres meses desde mi salida de Miami, tuve que comprar una maleta grande, de tela, barata, pero que le cabía casi tanto como al gusano, tuve que deshacerme de muy pocas cosas.

Había llegado a Nueva York con un papelito donde tenía escrito dos nombres y dos direcciones, Cándido -El Gallego- Vallejo y José -Pepe- Lavín, este papelito lo tenía guardado desde Cuba, hacia algo más de siete meses, esperaba encontrar por lo menos a uno de los dos, posiblemente ellos podían guiar mis primeros pasos en aquella intimidante ciudad. Claro, se podían haber mudado, si ese era el caso, tenía que regresar a mi rutina de los últimos meses, tenía dinero suficiente para dos o tres semanas de esa rutina.

Gerardo Chávez García

CAPÍTULO 21

Adiós Nueva York

Había dejado mis maletas en una taquilla, como éstas ya no existen debo describirlas. Las taquillas o "lockers" eran unos muebles de metal que se encontraba en las estaciones de ómnibus de todas las ciudades grandes, se veían también en los aeropuertos, después de 9/11/2001 se desaparecieron. Aquellos muebles de grueso metal estaban divididos en compartimientos, cada uno con su puerta y su llave, al lado de cada llave una ranura para insertarle una moneda. Cuando se le ponían una moneda de 25 centavos, se podía abrir el compartimiento, meter dentro lo que uno quisiera guardar, se cerraba la puerta y se sacaba la llave. Se podía uno marchar tranquilo, que allí tendría lo que había guardado, lo mismo una hora que días después.

Salí a la calle frente a la estación, un empleado llamaba a los taxis para quienes los necesitaban. Me acerque a él, le mostré el papelito con las dos direcciones, y le pregunté cuál era la más cercana. Me señaló con el dedo la dirección del Gallego Vallejo, me dijo que sólo estaba tres o cuatro cuadras, no lo podía creer, en aquella ciudad tan monstruosamente grande, sin saberlo, mi viaje terminó a sólo tres o cuatro cuadras de una de las direcciones que tenía, era una suerte increíble.

Me indicó como llegar a la dirección, lo recuerdo con los más mínimos detalles porque unas semanas después yo frecuentaba esa zona y hacía el mismo recorrido. Aquel portero me dijo algo como: Vete hasta la esquina, dobla a la derecha, caminas dos cuadras, dobla a la izquierda, y en la acera de la derecha busca el número. Así lo hice, sin dificultad encontré el número del edificio, toque uno de los cuatro o seis timbres con el número del apartamento que tenía escrito, no hubo respuesta. Espere un rato, volví a tocar, tampoco tuve respuesta. Pensando que pudiera estar al llegar del trabajo, me senté en uno de los ocho o diez escalones que iban de la acera hasta la puerta del edificio. Al poco rato subía por la escalera una señora de mediana edad. Me preguntó que a quien esperaba, le dije claramente el nombre, Cándido Vallejo. Me miró extrañada, y me dijo que todos los que vivían allí ella los conocía hacía años, y que allí no vivía nadie con ese nombre.

Aceptando el inconveniente, decidí regresar hasta la Octava Avenida, comencé a caminar otra vez en dirección a la Greyhound, antes de llegar, en una esquina, había un policía parado, me le acerqué y le enseñe la otra dirección que tenía. Me dijo que era muy cerca, que me montara en el subway y que me bajará en la tercera parada, salía arriba y allí mismo estaba la dirección que buscaba. Me señaló la entrada al subway, una ancha escalera hacia abajo, en la misma esquina en que estábamos.

Antes de proceder a relatar todo lo que sucedió en la siguiente media hora, quiero explicar por qué los eventos me impactaron tanto, como para que no lo olvidara nunca. Para empezar, es muy fácil para alguien que no haya estado nunca en un subway, entrar, tomar el tren y llegar a su destino, siempre y cuando vaya acompañado de alguien que esté familiarizado con el sistema. Entrar a un subway solo, sin haber estado en uno nunca, es otra cosa. Sobre todo acabado de llegar por primera vez a Nueva York, una ciudad que lo hace sentir a uno como Gulliver en el País de los Gigantes.

Si, otra cosa es bajar por una escalera, sin saber ni cómo va a lucir el lugar a donde vas a llegar, sabes que quieres montar en un tren, no sabes cuál, ni siquiera sabes si hay más de un tren para elegir cual quieres. No sabes ni cómo pagar, mucho menos sabes si pasa un solo tren en una dirección, pasan dos o cuatro en diferentes direcciones.

Lo único que yo había escuchado sobre el sistema de subways en Nueva York fue en una breve conversación en Jacksonville con alguien que había vivido en Nueva York y que conocía el sistema, me había hablado maravillas del sistema, la rapidez del transporte, se podían viajar millas en minutos, lo barato que era, y sobre todo absolutamente seguro, nunca había habido un accidente en el subway de Nueva York. Había sólo un inconveniente, podía ser peligroso por ataques o asaltos, pero sólo en estaciones solitarias y a horas en que el volumen de pasajeros era mínimo.

Una vez explicado lo anterior paso a relatar los eventos tal y como pasaron, por increíble que parezca, los tengo muy claros en mi memoria, no son recuerdos nebulosos como otros que el más de medio siglo transcurrido han empañado.

Cuando comencé mi bajada por la larga y ancha escalera que me había indicado el policía, no había más caminantes en ella, cuando había bajado la mitad de los escalones, sentí el ruido de muchos pasos atropellados detrás de mí, me asusté, pensé que alguien me iba a atacar por la espalda, me agarré fuertemente del pasamanos por si el plan era empujarme hacia abajo, sin soltar el pasamanos me viré para tratar de defenderme del ataque que ya daba por seguro. Pero nada de eso, dos o tres hombres y una mujer que venían detrás de mi, me pasaron por el lado, casi que corriendo escaleras abajo, no era un grupo, no hablaban entre sí, en silencio, en fila india, pero parecía como que el primero era perseguido por el segundo, que a su vez era perseguido por el tercero.

En aquel momento yo no sabía que de esa forma, en una carrera desenfrenada, era que bajaban las escaleras la inmensa mayoría de los usuarios del subway. Unos días después ya yo también bajaba las escaleras apresuradamente, quería estar seguro de que por 10 o 20 segundos de atraso no se me iba a ir el tren, tener que esperar

Gerardo Chávez García

en la plataforma 15 o 20 minutos por el próximo tren era muy aburrido, y peligroso dependiendo de la hora. Además, bajar las escaleras del subway pausadamente podía representar un peligro, los que venían atrás, en su carrera podían atropellar o empujar sin querer al que tuvieran delante.

Pensé que era una buena idea seguir yo al último, siguiéndolos quizás podía aprender cómo llegar a algún lado en uno de aquellos trenes. Al llegar al final de la escalera, cada uno por su cuenta, se fueron dirigiendo a una hilera de torniquetes que se encontraban a unos 15 o 20 pasos más adelante, cada uno escogió un torniquete diferente, noté que cada uno se detuvo por un segundo, hicieron un ademán como que estaban colocando una moneda en una ranura, e inmediatamente los torniquetes les cedían el paso. Lo que cada uno puso el torniquete ya lo llevaban en la mano, preparados para no perder tiempo, ninguno había metido las manos en los bolsillos.

Hasta allí pude seguirlos, yo no iba preparado para echar monedas en un torniquete, me quede sólo ante la hilera de torniquetes. Metí la mano en el bolsillo saque las monedas que tenía, en cuanto trate de introducir la de 25 centavos, me di cuenta que era muy grande para aquella ranura tan pequeñita. Tenía que ser una de 10 centavos, trate con esa y tampoco cabía. No estaba seguro si los que habían acabado de entrar habían depositado algo en la ranura, el gesto así lo indicaba pero yo no estaba seguro, pensé que podía haber sido que habían empujado el torniquete, comencé yo a empujar los torniquetes uno a uno, pero ninguno cedía el paso, en eso sentí un grito a mis espaldas, mire hacia un lado de la escalera, en un rincón, hacia atrás, había una de esas oficinillas que tienen los cines para vender su boletos, de allí había salido el grito, hasta ese momento no me había dado cuenta que estaba allí. La mujer que me dio el grito, estaba detrás de cristal, apenas oía lo que me decía, gesticulaba para que yo me le acercara, cuando llegué me preguntó que yo estaba tratando de hacer, le dije que tratando de entrar, me pidió que le enseñara lo que tenía la mano, abrí mi mano y le mostré el grupo de monedas que tenía. Me miró como si yo estuviera acabado de llegar del planeta Marte, me enseñó lo que más tarde yo aprendería que se llamaba "token", era algo así como una monedita pequeñita. Nunca en mi vida había oído esa palabra ni lo que significaba. Me pidió la moneda de 25 centavos, me deslizó el token en la bandejita por debajo del cristal, acompañada de dos nickels. Acababa de enterarme que al torniquete había que echarle un "token", y que el "token" costaba 15 centavos. Me hizo un gesto con la mano como para que me fuera, no sé si quería que me fuera delante de ella, o que significaba que con el "token" ya podía pasar el torniquete.

Bajo la equivocada impresión de que los dos incidentes, el de la escalera, y después el de torniquete, serían los dos únicos desagradables en mi proceso de aprendizaje, seguí de cerca a otra persona que acababa de entrar por el torniquete de al lado. Siguiéndolo fui a parar al andén, me acerqué un poco al borde, mire hacia abajo y vi cuatro líneas de trenes, me pregunté primero ¿cuál será la mía? Inmediatamente después, ¿y en qué dirección vendrá? ¿Por la boca de cuál túnel aparecerá mi tren? Ante esas preguntas, fue que me di cuenta que tenía que volver a enseñarle el papelito a alguien que me dijera donde debía esperar al tren que me llevaría a la dirección de Pepito.

Así lo hice, me acerque al hombre que había seguido unos minutos antes, le enseñe la dirección, siempre prefería enseñar el papelito, que decir la dirección oralmente, temía que no me entendieran y fuera a parar a otro lado.

El tipo miró la dirección, y me repitió lo que me había dicho antes policía:

--En la tercera parada te bajas, subes a la calle y ahí está. Pero no es por este lado que pasa el tren que va para allá, tienes que coger el tren que pasa por el andén del frente.

Me puse contento, ya por lo menos sabía dónde tenía que esperar el tren. Con un poco de señas ayudándome le pregunté cómo llegar al otro andén, el tipo me miró serio, no sé qué estaría pensando. Se acercó más al borde del andén, miró hacia las oscuras bocas de los túneles, se viró para mí, y haciendo señas con la mano me indicó que fuera por encima de las líneas hasta el otro lado. Yo me acerqué a la orilla del andén, mire hacia abajo, la altura no era un gran problema, unos 4 o 5 pies de las líneas al andén, el problema era unos cables gordos, que lucían eléctricos, que se entrelazaban entre sí, y que iban de una línea a la otra.

No gustándome la idea, le pregunté al hombre si había otra forma de llegar al andén del frente. Me contestó que sí, pero que tenía que subir y bajar varias escaleras. Le dije que prefería las escaleras, me indicó cuales, llegue sin problemas al andén del frente, de allí mire hacia donde había estado antes y todavía estaba el tipo parado en el mismo lugar, por lo tanto estaba seguro que había llegado el lugar indicado. Mirando al tipo en el andén del frente, me preguntaba si me había sugerido caminar sobre las líneas en serio, o había sido una broma y me hubiera detenido si yo lo hubiera intentado, nunca tendría una respuesta para aquella pregunta.

Para asegurarme que iba por buen camino me acerque a la única otra persona que estaba en el andén, una señora que estaba parada entre dos cajas de cartón amarradas con unas sogas. Como me pareció que me estaba mirando con recelo, saque el papelito lo levanté a la altura de sus ojos, y le pregunté si por aquí pasaba el tren que iba esa dirección. Lo miró brevemente, y me dijo bájate en la tercera parada, y sin más palabras levantó sus dos cajas y se alejó de mí. Sentía haber asustado la señora en la soledad de la estación a aquella hora, pero ahora me sentía más tranquilo. Me puse a pensar como era posible que todo el mundo se supiera el orden de las paradas del subway, no podía imaginarme que en unas cortas semanas después, sin esfuerzo alguno, yo me sabría casi todas las paradas de las líneas que usaba con frecuencia.

Un par de minutos después comencé a oír un ruido lejano, pero que se iba acercando, y por segundos iba aumentando, el ruido seguía y ahora iba acompañado por unos chirridos ensordecedores, muy desagradables, como de metales frotándose, eran los frenos del tren en su esfuerzo por detenerlo. El primer vagón pasó frente a mi todavía a bastante velocidad, seguían los chirridos de los frenos, pensé que aquello no iba a poder parar, pero si, se abrieron las puertas, el vagón estaba vacío, entré y me senté en el asiento más cercano, se cerraron las puertas, y volvió el tren a moverse rápidamente, según iba aumentando la velocidad, aumentaba el ruido, se estremecía el vagón de un lado a otro, me agarre a uno de sus tubos que van del piso al techo, y que estaba al lado de la puerta, yo estaba seguro que aquello se iba a descarrilar. Me vino a la mente aquella conversación en Jacksonville donde me dijeron que nunca había habido un accidente en el subway de Nueva York, por qué yo había tenido la mala suerte de que el día en que yo lo montara por primera vez, era el día en que se iba a descarrilar.

Estaba realmente nervioso, constantemente las luces del vagón se encendían y apagaban constantemente, cuando se apagaban la oscuridad era total. En eso comencé a oír los chirridos de los frenos, me alivió saber que al fin el chofer de aquel trasto se había dado cuenta que nos íbamos a descarrilar y estaba tratando de frenar, yo miraba por la ventana hacia fuera y sólo veía oscuridad, todavía estábamos dentro del túnel, y el chofer no lograba parar aquello. Al fin vi iluminación afuera, estábamos llegando a la primera estación, que resultó ser la última para mi, en cuanto se abrieron las puertas salí a la carrera, a buscar una escalera que me llevará la calle, todavía estaba pensando que todo aquello se iba derrumbar. ¡Qué guajirada!

Me parecía mentira que estuviera en la calle, me recosté a una pared a tomar un descanso y que se me pasara el susto. Desde allí miraba a la entrada del subway, esperaba que detrás de mi salieran docenas de personas huyendo de aquel desastre, pero no, parecía que no hubo tal desastre.

Ya más calmado volví a intentar llegar a donde Pepito, escogí a alguien de los pocos que estaban parados en los alrededores, pregunté cómo llegar a la dirección escrita, enseguida me dijo, baja por esa escalera y en la segunda parada sales a la calle. No sabía el que yo acababa de salir de allí sin intenciones de volver entrar. Le pedí que me diera otra forma de llegar que no fuera el subway, me dijo que podía ir hasta caminando, pero que el subway era más rápido. Para mi sorpresa estaba sólo a unas 25 cuadras de Pepito, por la misma Octava Avenida, directo, sin tener que doblar ni una sola vez. Si hubiera sabido eso desde el principio, me hubiera ahorrado varios sustos en menos de una hora.

Comencé a caminar con calma, la tarde seguía soleada, llegué sin dificultades, toque a la puerta de la dirección que tenía. Con un mecanismo de rondanas muy rudimentario y una soga, me abrieron la puerta. Desde la baranda de la escalera, en un segundo piso muchísimo más alto que lo normal, una señora española, que luego sabría que se llamaba Aurelia, me gritaba que no había habitaciones disponibles, yo solo le contesté que buscaba a José Lavín y le di mi nombre, me pidió que esperara. Unos minutos después sentí los estrepitosos pasos de Pepito escaleras abajo, cada escalón de madera chillaba, se oían los chillidos abajo, con solo poner un pie en el primer escalón del cuarto piso. Para Pepe fue una sorpresa muy grande, no sabía ni siquiera que yo estaba en los Estados Unidos, por supuesto, para mi fue una gran alegría, pero no una sorpresa, yo sabía que lo iba a ver esa tarde, él ni se lo podía imaginar. Pepito me preguntó por mi equipaje, le conté que lo había dejado en la Greyhound, enseguida me dijo:

--Ni subas, vamos buscarlo, te quedas aquí esta noche.

Pepito me preguntó dónde era que estaba la estación de la Greyhound, él nunca había utilizado sus servicios, le dije y enseguida me respondió que en el subway estaríamos allí en unos 15 minutos. Le conté los sustos que había pasado, y no paró de reírse en toda la noche. Este segundo viaje en subway, fue muy diferente, seguía desorientado, pero como estaba con alguien que sabía dónde iba, y me iba explicando que los ruidos y chirridos siempre eran así, di el viaje muy tranquilo, al día siguiente ya me aventuraba a montarme en el subway para cualquier viaje por cerca que fuera.

Cuando salimos de la Greyhound con las maletas, le dije Pepito que estaba muy cansado y que tenía hambre, me miró con asombro y preguntaba que como era que casi a las 10 de la noche yo no había comido. El asombrado fui yo, no podía creer que fuera cerca de las 10 de la noche, todavía había luz del día. Fue otra cosa que aprendí ese día, yo no sabía que en diferentes partes de los Estados Unidos oscurecía a diferentes horas.

Comí algo, no recuerdo que, ni dónde. Regresamos al apartamento de Pepe, que no era más que una habitación, una de las mejores que tenía Aurelia en su "rooming house", incluía hasta un pequeño refrigerador. Estuvimos conversando y haciéndonos preguntas hasta muy tarde en la noche, ya con sueño Pepito preparó las condiciones, sacó una camita debajo de su cama, le puso una sábana, allí dormiría yo, hasta que pudiera conseguir una habitación.

En la camita me quedaban los pies y los tobillos fuera, en el aire, sin apoyo. Ya con la luz apagada, todo en calma y silencio, me estaba quedando dormido, cuando sentí una sensación como que se me habían movido los pies, caí sentado en la cama. Aquel edificio me parecía algo fantasmagórico, con aquellos techos tan altos, pasillos oscuros, paredes pintadas de oscuro, las escaleras crujiendo a cada paso.

Desperté a Pepe, le conté lo del temblor que había sentido en los pies. Se echó a reír, era el subway que me estaba dando problemas otra vez. Pepe me explicó que el edificio de Aurelia había sido clausurado varias veces en los últimos años, ella apelaba la orden de evacuación, hacia algunos arreglos, y continuaba alquilando las habitaciones. El edificio en realidad no estaba muy sólido, cuando pasaba el subway por allá abajo, si todo estaba en silencio y tranquilo, algunas veces se sentía un casi imperceptible movimiento del edificio, sobre todo en el cuarto y último piso. Ese ligerísimo temblor del cuarto piso, hacía mover una mano o un pie que estuviera colgando, en el aire, relajado, como estaban mis pies en aquel momento, colgando fuera de la cama. Ya con esa explicación, pude quedarme dormido. No todas las noches sentía aquel mínimo temblor, y después que ya tuve mi habitación, con una cama completa no lo volví a sentir. Quizás sería también porque me había acostumbrado.

A la mañana siguiente le preguntamos a Aurelia si tenía alguna habitación disponible, nos dijo que alguien se mudaría en un par de semanas, o que tal vez otra persona se iría antes y ella todavía no sabía. Pepito insistió que me quedara, hasta que por lo menos yo encontrara un trabajo, así no tenía que gastar dinero, yo acepte con gusto su hospitalidad.

Pepe trabajaba en el Woolworth haciendo pizzas, me dijo que el quizás me podía conseguir un empleo allí. Yo preferiría cambiar a otro tipo de empleo que no tuviera nada que ver con comidas, con eso en mente, me dirigí esa mañana a dos agencias de empleo que no estaban muy lejos de allí. Ninguna de las dos tenía algo disponible para alguien como yo, que no supiera hacer nada. En ambas me dijeron que me avisarían si les llegara algo para mí.

Como no tenía más nada que hacer después de mi visita a las agencias de empleo, decidí caminar hasta Times Square, unas 30 cuadras, y en el camino y mirando en todos los alrededores, por sí veía alguna oportunidad. Seguía pensando que el Gallego Vallejo que llevaba ya varios años en Nueva York, me podía ayudar a conseguir un empleo diferente, pero como me habían dicho que no vivía en la dirección que yo tenía, no sabía cómo encontrarlo.

En los dos o tres días siguientes conocí varias personas de San Antonio que hacía años vivían en Nueva York. En el mismo edificio de Aurelia, en el primer piso, en una especie de "suite", vivía Ravelo con su mujer e hija. Con él conocí a varias personas de San Antonio que como hacía años que vivían allí, ya yo no los recordaba, si es que los había visto alguna vez. Sólo recuerdo a uno en Brooklyn, de apellido Baldriche que tenía un negocio de arreglar radios y televisores. Cuando llegamos a su establecimiento, él se encontraba en una intensa labor, llenando cajas de cartón con piezas de radios y televisores, me pareció que estaba en el proceso de mudar su negocio, y efectivamente así era, pero la mudada no era para otro local, la mudada era para Cuba. Ya tenía docenas de cajas selladas y con su nombre escrito por fuera. Yo no podía creer lo que estaba viendo, aquel hombre engañado por la propaganda castrista había decidido llevar todo lo que tenía a Cuba, con las bondades de la revolución su negocio prosperaría. Unos meses después me enteré que se lo habían quitado todo en el mismo aeropuerto, la excusa había sido que tenían que investigar la procedencia de aquella cantidad de piezas. Como según ellos no habían podido comprobar la legitimidad de aquellas piezas, nunca se las devolvieron.

No recuerdo quién de aquellas personas que conocí me dio el teléfono del Gallego Vallejo. Esa noche, después de deleitarme con unas costillitas de puerco, arroz blanco y frijoles negros, que era el menú más frecuente que cocinaba Pepe, bajé al primer piso donde estaba el teléfono público que utilizaban todos los residentes del edificio. De allí llamé al gallego, se sorprendió de que yo estuviera en

Nueva York, me invitó a acompañarlo en su hora de almuerzo al día siguiente.

Llegué antes de la hora indicada al restaurante donde nos reuniríamos, era un tipo de restaurante que se veía con frecuencia en aquella época, tenía una parrilla gigante junto al cristal que daba a la acera, allí se veían las llamaradas entre bistés y costillas, lucían muy apetitosas desde afuera, ese tipo de restaurante estaba teniendo mucho éxito, por que desaparecieron después de un tiempo, no lo sé.

En unos minutos llegó el gallego, enseguida me preguntó por toda la familia que había quedado atrás. En San Antonio él había trabajado con mi tío Tito en algún tipo de negocio. La hora de almuerzo no fue suficiente para todo lo que teníamos que hablar, quedamos en vernos el sábado siguiente, quería presentarme a su novia, Pat, hija de griegos, hermana de un muy conocido artista de la televisión de aquella época. Antes de despedirnos le recordé que necesitaba trabajar, me repitió que era difícil para él buscarle un trabajo a alguien como yo, que no sabía hacer nada y que venía de una familia rica. Le dije que se olvidara de donde yo venía, que cualquier trabajo me vendría bien, y que yo podía aprender cualquier tipo de labores.

Uno o dos días después me avisaron de una de las agencias de empleo, tenían un trabajo para mi en una fábrica de aquellos "rolos" que se ponían las mujeres en el pelo. El salario era un dólar por hora, y tenía la ventaja que podía ir caminando, estaba a sólo tres cuadras de donde estaba viviendo. Acepte el trabajo. Consistía en mantener una hilera de mesas llenas de materiales para la confección de los "rolos", eran dos hileras de mesas donde unas 40 mujeres insertaban los rolos de espuma de goma en los plásticos que mantendrían el pelo en su lugar. Me pasaba el día entero en esa actividad, caminando de una punta a la otra, rellenando las mesas de materiales.

El sábado me reuní con el gallego y su novia, fuimos a la bolera y pasamos una tarde muy agradable. Pat me invitó a que fuera con ellos a la playa el sábado siguiente, iríamos primero por casa de sus padres, allí recogeríamos a su hermana menor, no recuerdo su nombre, si su figura, tendría ella unos 17 o 18 años, ya Pat andaba cerca de los 30 años, bastantes menos que el gallego.

Gerardo Chávez García

En algún momento el Gallego le dijo a alguien que se llamaba Frank Valdés, yo me quedé sorprendido, le pregunté, y me contestó que no le gustaba como sonaba su nombre en inglés, por lo que en cuanto tuvo la primera oportunidad se lo había cambiado oficialmente. Fue entonces que me di cuenta por que aquella señora, el primer día que fui a su casa, me había dicho que no conocía a ningún Cándido Vallejo.

Como habíamos acordado, al siguiente sábado fuimos a la playa St. John, nunca antes, ni después, había experimentado un mar tan frío. No se podía estar en el agua más de unos minutos. Parece que por la baja temperatura, y algún tipo de resaca en el oleaje, tampoco antes, ni después he visto salvavidas más activos que los de aquella playa. Cada 5 minutos tenían que sacar a alguien del agua.

Verano de 1961. En la Playa St. John, Nueva York. Lo de mi peinado es una historia para otro día.

Memorias de Abuelo

Unos días, o semanas después se desocupó una de las habitaciones más pequeñas que tenía Aurelia, pero a mi me sobraba con aquel espacio. Tenía una cama tamaño individual con la cabecera contra la pared de un diminuto o clóset, y la pielera contra la pared de al lado de la única ventana, frente a ella una silla. Un diminuto lavamanos en una esquina, era el resto de las comodidades que se podían adquirir por nueve dólares a la semana. El calor de julio y agosto era sencillamente insoportable, aquel cuartico, más chico que algunos closets de hoy, parecía un horno, no entraba brisa alguna por la ventana, el aire caliente no tenía por donde salir. Los ventiladores estaban prohibidos por Aurelia, gastaban mucha electricidad, solo después de un tiempo viviendo allí había la posibilidad de negociar que te dejara poner un ventilador. Una noche, ya desesperado con el verano de Nueva York y buscando la forma de que corriera alguna brisa, comencé a dormir con la puerta abierta, le ponía la conocida cadenita a la puerta, y para que no se me cerrara la puerta durante la noche, ponía un jabón entre el marco y la puerta, la cadenita quedaba bien estirada, de vez en cuando entraba alguna brisa por la ventana, ya tenía por donde salir. El espacio entre la puerta y el marco quedaba exactamente frente a la cabecera de la cama, los inquilinos que vivían en los cuartos más al fondo del pasillo, me saludaban si me veían despierto.

El baño era uno solo para el piso completo, que no era del todo malo, había 8 habitaciones en el cuarto piso, pero en todas vivía una sola persona, así que solo eran 8 personas para un baño. Lo más incómodo no era que faltaba la ducha, era una bañadera con una manguerita. Lo totalmente increíble era que exactamente sobre la bañadera había un hueco en el techo, no un huequito, un verdadero hueco, calculo hoy que era casi una circunferencia de dos pies de diámetro. En el verano no importaba, solo molestaba cuando llovía. El problema grande, asumía yo, seria en el invierno. Quizás fue esa una de las razones porque lo que yo, con el primer fresco de octubre, ya había empezado a pensar que Nueva York no era para mí.

La mayoría de los otros inquilinos, todos hombres, excepto Ana López, hacían trabajos fuertes, algunos llegaban sucios y sudorosos, no dejaban la bañadera muy limpia que digamos, nadie la limpiaba. Pepe

209

invertía su tiempo en limpiarla antes de bañarse, y dándome cuenta de eso, yo siempre esperaba para coger el turno después de Pepe.

Así iban transcurriendo los días, los fines de semana, unas veces con el Gallego, otras con los Miqueli en el Bronx, y algunos viajecitos no muy largos.

Verano de 1961, En las Cataratas del Niagara, ésta también es otra historia.

Los días entre semana Pepe y yo mejoramos mucho nuestra situación gastronómica, a Ana se le había quedado sin trabajo, y para ir resolviendo se nos brindó para cocinarnos por la noches, por cinco comidas le pagábamos algo así como 7 dólares a la semana.

Una tarde en que ya el frío se empezaba a sentir, alguien me dio un grito desde el primer piso, me estaban llamando por teléfono. Era Enrique Cubría que había llegado ese día a Nueva York, me llamaba para reunirnos esa noche, nos pusimos de acuerdo donde y allí fui. Si iba a seguir en Nueva York iba a tener que comprarme un abrigo más grueso, quizás hasta un calzoncillo largo para poder caminar las calles.

En cuanto llegué Enrique me dio la noticia que Onelio mi tío había llegado a Miami. Era lo que necesitaba para determinar cuándo me iría de Nueva York, sería al día siguiente. Ya lo que quería era irme para mi cuarto y empezar a empacar, pero Enrique me insistía en que lo acompañara en varias visitas que necesitaba hacer. Por pena acepté acompañarlo un rato mas, aquella noche se fue extendiendo, se hizo mucho más larga de lo que yo hubiera deseado, nos amaneció en un lujoso apartamento de un amigo suyo. Es uno de esos pocos casos en que recuerdo hechos y detalles, que preferiría no acordarme.

Al día siguiente ya estaba listo para irme, pero no, no volví a montar en una Greyhound, ni siquiera he vuelto a entrar en una de sus estaciones. Llame a varias de las compañías que se dedicaban a llevar automóviles de una ciudad a otra, se anunciaban en los clasificados de New York Times todos los días.

A Miami era uno de los viajes que más abundaban. Los que se tomaban largas vacaciones, para pasar el invierno en lugares lejanos, iban en avión, no tenían que manejar grandes distancias, contrataban a una compañía para que les llevaran sus automóviles al lugar de sus vacaciones, cargaban los maleteros de ropa suelta hasta la misma tapa, ponían dos o tres maletas en el asiento de atrás y cuando recibían sus carros ya estaban listos para dos o tres meses de vacaciones. En aquella época habían solo dos o tres compañías de rentar autos, había poca competencia y por tanto era muy caro rentar por dos o tres meses. Ese mismo día conseguí un Oldsmobile de 1960, pagaban $55 por el viaje, de ahí había que pagar la gasolina que era muy barata, y un factor importante, me dieron 4 días para entregar el cauto en el Hotel Montmatre, justamente al lado del hotel Eden Rock, en Miami Beach.

Si hacía el viaje en poco más de 30 horas, me quedaban casi 3 días para dar vueltas en Miami. Así que con tres sándwiches, y un termo de café cubano en el asiento del pasajero, regresé a Miami ya hecho todo un hombrecito. Salí de Nueva York alrededor de las 5 de la mañana y entré Miami alrededor del mediodía del día siguiente, sin dormir por más de 30 horas.

En los más de tres meses y medio que estuve en Nueva York, hubieron historias y casos que recuerdo y que no he tocado aquí, pero como no tienen nada sobresaliente, solo son pequeños detalles y anécdotas, es mejor terminar ya aquí mi compromiso, acabado de llegar a lo que en aquel momento era la mayoría de edad. Aquí entrego una parte de mis memorias, las de mis primeros 21 años, en 21 capítulos.

He terminado un libro, lo que me faltaba de lo que le atribuyen a José Martí: «Hay tres cosas que cada persona debería hacer durante su vida: plantar un árbol, tener un hijo y escribir un libro».

Yo personalmente no creo que Martí lo haya escrito literalmente así. Eso de "durante su vida" sobra, no me suena a Martí, por supuesto que esas tres cosas hay que hacerlas durante la vida, ¿Hay alguna forma de hacerlas después de muerto?

El concepto habrá sido de Martí, ese texto no puede serlo, no he visto nunca un texto de él donde hayan sobrado palabras, tampoco he leído uno que le faltaran, no dejaba cabos sueltos. Además, los árboles no se plantan, se trasplantan, las semillas son las que se plantan. Esas pequeñísimas sutilezas no se les escapaban al Apóstol. Si lo escribió él, habrá sido en un mal día, yo no le conocía ninguno.

Los dos o tres primeros capítulos los escribí en algún momento del año 2012. Luego, con los problemas cotidianos, se me olvidó que me había prometido escribir lo que recordaba de mis primeros años de vida. Entre el 2013 y 2014 escribí otros cuatro o cinco capítulos. De nuevo, otra pausa. Cuando a principios de 2015 empecé a contemplar los tres cuartos de siglo de vida, me propuse terminar el compromiso antes de cumplir los 75 años, antes que se me acabara el tiempo. Problemitas de salud y otros me quitaron un poco de fuerzas y deseos. Quizás fue mejor que así haya sido, que me haya demorado más de un mes de lo que inicialmente quería. Sin quererlo, sin darme cuenta de la fecha, después de terminar de escribir y rectificar el último párrafo del último capítulo, hoy, 27 de Octubre, me doy cuenta que es la fecha de nacimiento de mi abuelo Vicente.

A mi abuelo sólo le hice un regalo en vida, 10 dólares en efectivo, pero eso es otra historia que por su fecha no encaja aquí. Una vez que se fue, él debe saber, desde donde esté, que siempre le he regalado mi admiración, mi respeto y mi inmenso cariño. Además, hoy le regalo estas Memorias de un Abuelo. Quiero pensar que este trabajo es un regalo mutuo, de mi a su memoria, y de él a mi por haber sido una buena parte de las mías.